신 없는 세상?

신 없는 세상?

발행일	2025년 10월 22일
지은이	김정용
펴낸이	손형국
펴낸곳	(주)북랩

출판등록	2004. 12. 1(제2012-000051호)
주소	서울특별시 금천구 가산디지털 1로 168, 우림라이온스밸리 B동 B111호, B113~115호
홈페이지	www.book.co.kr
전화번호	(02)2026-5777 팩스 (02)3159-9637
ISBN	979-11-7224-927-4 03230 (종이책) 979-11-7224-928-1 05230 (전자책)

잘못된 책은 구입한 곳에서 교환해드립니다.
이 책은 저작권법에 따라 보호받는 저작물이므로 무단 전재와 복제를 금합니다.
본 도서는 (주)북랩이 보유한 리코 인쇄 장비 등 자체 생산 인프라를 통해 제작되었습니다.

작가 연락처 문의 ▶ ask.book.co.kr
전용 게시판에 문의를 남기시면 저자에게 직접 전달됩니다.

(주)북랩 성공출판의 파트너
북랩 홈페이지와 SNS에서 다양한 출판 솔루션을 만나 보세요!

홈페이지 book.co.kr • 블로그 blog.naver.com/essaybook • 출판문의 text@book.co.kr
카톡채널 북랩

잠든 신앙을 깨우는 존엄과 연대의 길

신 없는 세상?

김정용 지음

김정용 신부는 묻는다.
신 없는 세상은 살 만한가?

신의 침묵 속에서도
인간은 여전히 사랑하고 정의를 꿈꿔야 한다!

북랩

머리말

신 없는 세상은 과연 인간이 살 만한 세상일까?
이 물음은 그저 세상 사람들, 무종교인, 비그리스도교인을 향한 것이 아니다. 그리스도교인을 포함한 오늘의 모든 사람에게 던지는 물음이다. 신을 믿거나 믿지 않는 모든 사람을 향한 물음이다.
이 물음을 이렇게 바꿀 수 있을 것이다.
신을 믿고 있는 사람들의 세상은 과연 인간이 살 만한 세상인가?
이 물음에 대해 신을 믿지 않는 사람들의 비판적 시선이 차고 넘친다는 것도 분명하리라.
그런데 신을 믿거나 믿지 않거나, 그 신은 과연 어떤 얼굴을 지녔을까?

이 책은 신에 대한 글을 담고 있는 것이 아니다.
신을 믿고 있고, 신을 찾고 있는 한 신학자가 보는 세상과 그 세상 속 사람들에 대한 시선이다.
세상 속에서, 세상 사람들 속에서 신의 얼굴을 발견하고 탐색하려는 한 신학자이자 세상 속 이방인—인간은 누구나 종교, 민족, 혈연, 국가에 의한 정체성 이전에, 근원적으로 타자와의 관계 속에서 살아가고, 그 관계 속에서 인간의 정체성을 형성하는 이방인 실존이라는 뜻에서—의 시선으로 보는 세상에 대한 글이다.

  여기에 싣는 글들은 광주평화방송(2011~2013년) 및 『가톨릭신문』 등 가톨릭계 방송 및 출판물을 통해 공개했던 말과 글을 묶은 것이다. 참고로 광주대교구에서 발간하는 월간 『하늘지기』에 실린 글들은 가톨릭교회의 사회적 가르침에 관한 것인데, 본당 공동체 신자들이 주요 원리들을 평이하게 이해할 수 있도록 단순화해 작성한 것임을 밝혀 둔다. 따라서 이 분야 전공자들의 눈에는 부족함이 많으리라 여긴다. 어떤 글들은 오늘의 시점과 멀리 있지만, 오늘의 상황에도 여전히 숙제로 남아 있는 것들이 있어 그대로 실었다.

  살기 좋은 세상, 아름다운 세상은 누구나 바라는 바이겠지만, 그 세상은 폭력을 바탕으로 이루어질 수 없다는 것 또한 분명하다.
  폭력을 토대로 이루어지는 세상은 결코 살기 좋은 세상이 될 수 없기 때문이다.
  온갖 폭력에 맞서 살아가는 세상의 아름다운 사람들에게 경의를 표한다.

차례

4   머리말

우리 시대가 요구하는 교회의 예언직

19   인류가 발견한 가장 위대한 진리: 모든 인간은 존엄하다
       — 인간 존엄성의 원리

22   누구나 존중받고, 행복과 선을 추구할 수 있는 사회 — 공동선의 원리

25   이웃의 고통에 공감하고, 더 나은 사회 만들기 — 연대성의 원리

28   함께 살아가는 사회를 위한 저마다의 고유하고 상호 보완적인
       역할 — 보조성의 원리

31   더 나은 삶과 세계를 위한 그리스도인의 사회적 사명
       — 책임과 참여의 원리

34   모든 이의 인간다운 삶을 위한 재화 사용 — 재화 사용의 보편적 목적

37   이 사람들이 교회의 보물입니다 — 가난한 이들을 위한 우선적 선택

40   지구는 '탄식하며 진통을 겪고' 있습니다 — 공동의 집을 돌볼 의무

43   넌 내게 진짜야? — 인공지능 시대에 던지는 비판적 물음

47   3340명, 이주 노동자들의 죽음을 추모하며 — 보편적 형제애

공동체의 기억과 역사

56 기억과 배제 사이의 5·18
60 〈죽음과 소녀〉, 5·18 그리고 진실
64 광주가 슬픔을 이기는 방법?
67 결코 다시는? 반복되는 5·18 광주!
72 교회는 지금 몇 시인가?:
    뮤지컬 〈오월의 신부〉가 교회에 던지는 메시지

공동체의 위기와 치유

82 대학은 누구를 위해 존재하는가?
86 청춘을 아프게 하는 사회
89 세상을 향해 소리 없이 울부짖는 사람들
93 더 많은 '진주녀'를 위해
97 주체적인 삶에 대한 성찰
101 멋진 전문가들의 세계

노동의 위기, 삶의 위기

- 106 손님은 왕이 아니라 빌어먹는 사람
- 109 작은 행동 하나가 세상을 바꾼다!
- 113 세상 속의 구유: 쌍용차 해고자들의 희망 텐트촌
- 116 노동의 위기, 삶의 위기
- 120 자본과 시장 제국의 속국이 된 인간 노동
- 123 노동 없는 사회, 우리 사회의 일그러진 자화상

정치는 곧 삶과 죽음의 문제

- 132 '투명 인간들'을 위한 정치는 어디에?
- 135 나의 투표권은 세상을 변화시킬 수 있을까?
- 138 윤리적 소비와 경제 민주화
- 142 탈핵 없이 인류·지구의 미래도 없다

정의 없는 국가는 강도떼다

- 152   대한민국 헌법에는 사상의 자유가 없다
- 156   시대착오적인 정부의 국민 안보 의식 여론 조사
- 159   종북, 맹목과 맹신이 낳은 말
- 163   군대는 왜 있는가
- 167   군사 주권, 무능한 장수들에게 맡길 수 없다

세상 속 나그네의 기도

- 172   불안 치유의 정치와 종교
- 177   신 없는 사회?
- 182   세상 속 나그네의 기도
- 186   그들이 갈 수 있는 곳은 어디에?
- 190   양극화 덫 속의 한국 사회, 교회 그리고 복음화

우리 시대가 요구하는
교회의 예언직

그리스도교가 선포하는 참인간, 참세상을 위한 희망은 바로 예수님께서 '인간과 세상의 구원을 위해', '몸소 십자가 희생제물이 되어', '하느님의 사랑과 진리를 보여 주신 것'에서 비롯된다.

교회 신앙이 증언하는 이러한 희망이 예수님의 삶 전체를 통해서 표현된 것이라면, 이른바 예수님의 세 가지 직무―왕직, 사제직, 예언직―는 상호 침투적인 관계 속에서 파악되어야 하며, 따라서 서로 떼어놓고 생각될 수 없는 것이다. 이는 곧 교회의 예언 직무가 다만 하나의 직무에 불과한 것이 아니라 모든 교회 직무의 근간을 이루고 있음을 뜻하는 것이기도 하다. 더 나아가, 세상과 역사 안에 살아 계시는 하느님의 현존을 읽고, 동시에 세상 안에서 하느님의 사랑과 진리를 몸소 증언하고 선포하는 교회의 예언 직무가 그리스도교의 신앙 전승에 있어서 본질적인 차원이며, 따라서 어떤 형태로든 조금이라도 약화되거나 위축되지 않아야 한다는 것을 의미한다.

그럼에도 오늘날 한국 교회에서 '사람들과 세상 한가운데 살아 계시는'(요한 1,14; 루카 17,21 참조) 하느님 현존 읽기와 더불어 사회 현실에 대한 복음적 성찰을 통해 사회적 관심과 연대로 마땅히 표현되어야 하는 교회의 예언자적 역할이 다양한 방식으로 외면되거나 배제되는 현실은 참으로 우려스러운 일이 아닐 수 없다. 우리 교회의 이런 현상은 복음적 감수성—신앙 감각—의 약화, 인간과 사회 현실에 대한 복음적 해석 능력의 결핍, 세상과 소통할 줄 모르고 자기 내면에만 갇힌 영성, 교회의 사회적 가르침에 대한 인식 부족, 신앙과 신앙 실천에 대한 통합적이고 총체적인 관점의 결여, 개별 신앙인의 정치적, 경제적, 사회적, 지역적 이해관게 내지는 취향이 압도하는 신앙 해석 등과 같은 이유로 인해 나타나는 것으로 보인다. 아무튼 이런 현상은 근본적으로 하느님과 인간에 대한 시선의 새로움을 촉구하는 것으로 해석할 수 있을 것이다.

교회의 예언직무는 구약에서부터 신약에 이르는 예언자 전통에서 볼 수 있는 바와 같이 시대를 막론하고 '세상 속 하느님과 인간에 대한 관상'이 그 본질을 이루고 있다. 그리고 예수 그리스도는 바로 그러한 예언자 전통의 정점에 서 계시는 분이시다. 따라서 오늘의 시대 안에서 교회의 예언직무에 대한 성찰은 이를 비켜 갈 수 없으며, 달리 이루어질 수도 없을 것이다.

세상 속에서 하느님에 대해 관상하기

예수님과 동시대를 살았던 하느님에 대한 지식을 독점한 전문가들—이른바 율법학자들이나 사제들—은 하느님의 자리를 꿰차고(마태 21,33-46 참조) 지위와 특권을 누리면서(마태 23,1-7 참조), 하느님의 진리를 외면하거나(마태 21,23-39 참조) 배타적으로 해석하고(요한 9,13-16 참조), 사람들에게 죄의 굴레를 씌워 억압하거나(마태 12,1-8; 요한 9,24.34 참조) 부당하게 편을 가르는(요한 7,45-52 참조) 근거 논리로 이용했다. 하느님의 진리를 대체한 그들의 권력은 사람들을 옭아매는 법이 되고, 거짓 증언을 바탕으로 예수님을 십자가에 처형시키는 데 앞장섬으로써 그 절정에 이른다(마태 26,59-60 참조).

그러나 예수님은 십자가 죽음을 무릅쓰고 이들이 구축한 하느님에 대한 이미지와는 근본적으로 다른 하느님—사람을 살리시고 구원하시는 하느님—을 드러내 보여 주심으로써 하느님의 진리를 몸소 완수하셨다. 이것은 순전히 하느님에 대한 예수님의 관상의 힘으로부터 비롯된 것이다. 그것은 곧 세상 안에서 이루시게 될 하느님의 계획과 뜻에 대한 깊은 성찰과 더불어 자기 헌신을 통해 마침내 완성되는 관상이었던 것이다.

예수님의 하느님에 대한 관상이 오늘의 우리에게 말해 주는 바는 무엇일까? 그것은 무엇보다도 우리 시대 안에서 하느님과 그분의 진리에 더욱 민감해질 것을 요구한다. 이와 관련해 필자는 오늘날 우리 한국 사회의 근본 현실을 주도하는 두 가지 차원에 제한해 성찰하고자 한다.

우선 오늘날 한국 사회를 휩싸고 있는 근본 현실은 맘몬이 하느님의 진리의 자리를 꿰차고, 모든 가치의 척도로 작용한다는 점이다. 특히 용산 참사 사건을 비롯해 쌍용자동차와 부산 한진중공업 사태는 하느님의 진리가 원천적으로 배제된 세상에서는 맘몬과 그를 끝없이 추구하는 탐욕이 가치 척도와 기준이 된다는 점을 분명하게 보여 주는 사태다.

이 점에서 종교들은 자유로우며, 과연 우리 교회는 어떤가. 세상을 향해 물질주의니 탐욕이 어떠니 하고 말하기 민망할 지경은 아닌가? 맘몬에 의해 지배당하는 종교가 아님을 세상 사람들이 납득할 만하게 말할 수 있을 것인가? 하느님이 오히려 맘몬을 보증해 주는 존재로 전락하지는 않았는가를 묻는 것도 부질없게 여겨지는 형편이 아닌가? 아무튼 오늘날 한국 사회에서 맘몬이 신의 자리를 대체하고 있다는 사실은 곧 하느님의 진리에 대한 성찰이 더욱 요긴해졌다는 것을 반증한다. 만일 누가 이를 부인한다면 그 무엇을 근거로 해서 맘몬에 대한 비판을 자유롭게 할 수 있을 것인가. 그리고 또 그 누가 그에 대한 합리적인 비판 가능성을 제시할 수 있다면, 비판적 성찰의 근거로 신이 언급되어서는 안 될 이유는 어디에 있겠는가.

한국 사회의 또 다른 특징은 보편적 진리에 대한 진지한 성찰이 부족하다는 점이다. 이는 우리 사회 안의 다양한 영역에서 빈번하게 벌어지는 이념적 갈등이나 정치적, 경제적, 사회적 논쟁—일정 정도의 생산적 논쟁이 있다는 것을 감안한다 해도—이 허구를 감추거나 진실을 외면하는 방어 기제 내지는 비합리적인 공격 기제로 작용하는 방식으로 표현된다. 또한 미국산 쇠고기 수입 사태나 천안함 사건 그리고 4대 강 사업이나 핵 발전소와 관련해 일부 과학자들을 제외하고, 연구실에 갇혀 한 걸음도 떼지 못하는 수많은 과학자들의 깊은 침묵 수행 역시 그들의 까다로운 연구만큼이나 난해하게 여겨진다. 종교 영역에서는, 호의적으로 보이기는 하나 보편적 자기 정체성에 대한 충실하고 심도 있는 탐구를 아예 배제하는 무조건적인 다원주의적, 상대주의적 시도들 역시 그리 미덥지 못하다. 타인과의 만남과 대화를 위한다면 과연 나를 배제하고서도 그것이 가능할 것인가? 여기서 관건은 타인과의 대화를 위해 나를 배제하는 것이 아니라 타인에게 열린 나의 대화 능력을 확인하는 것이 아닐까.

 이러한 한국 사회의 근본 현실에 직면해 우리 교회가 시대의 현상들을 예민하게 읽어 내고 역류하는 시대의 물줄기를 되돌려 놓기 위해서는 세상 속에 현존하시는 하느님과 그분의 진리에 대한 깊은 관상이 요청된다. 그것은 무엇보다도 우리 교회 스스로 세상 속에서 하느님의 진리의 길을 굽힘 없이 걷는 것을 뜻할 것이다.

한 사람, 한 사람에 대해 관상하기

교회의 예언직무는 시대의 징표를 민감하게 분석하고 탐구하는 (사목헌장, 4항 참조) 것만으로는 충분하게 수행되지 않는다. 시대의 징표에 대한 식별 없이 사람에 대한 관상이 온전히 이루어질 수 없지만 그것이 구체적인 사람들과 사람의 삶 안에서 어떻게 작용하고 영향을 미치는지를 깊이 바라보지 않는 시대 분석은 공허한 것이 되기 십상이기 때문이다. 무엇보다도 그리되면 정작 사람을 잊어버리기 쉽기 때문이다.

따라서 삶의 질곡에 신음하는 사람들의 아픔과 절망, 그리고 사람들의 열망을 예수님의 시선으로 바라보아야 한다. 보다 구체적으로 말하자면 단순히 포괄적으로 뭉뚱그린 사람들이 아니라 한 사람, 한 사람의 열망과 아픔과 절망과 희망, 한 사람의 구체적인 삶 자체를 바라보아야 한다. 우리 시대는 사람을 포괄적 다수로 세는 데 익숙해 있다. 그리되면 사람은 사람이 아니라 숫자가 된다. 마치 수인이 숫자로 불리는 것처럼. 그/그녀의 이름이 없는 숫자 속에서 그/그녀의 삶을 읽기는 어렵다. 그러나 한 사람, 한 사람을 바라보는 것이 바로 사람에 대한 예수님의 관상법이었다. 18년 동안 허리 굽은 채 살아야 했던 사람, 혼자서는 움직일 수조차 없는 중풍에 걸린 사람, 12년 동안 혈루증을 앓고 있는 여인, 38년 동안 병고에 시달렸던 사람, 돌에 맞아 죽어도 항변할 수 없는 간음한 여인, 말 못하는 사람, 태어나면서부터 눈이 먼 사람, 악령

들린 사람, 한센병 환자, 귀먹고 말 더듬는 사람……. 예수님을 찾거나 예수님이 찾아 나섰던 사람들은 세상 사람들로부터 버림받거나 죄인 취급당한 사람들이거나 이른바 주류들의 세상 밖으로 내쫓긴 사람들이었다.

오늘 우리 교회는 어떤 사람들을 찾고 있으며, 또 어떤 이들이 교회에 찾아오는가. 감정 과잉을 강요당하는 감정 노동자들, 식당 일을 하는 사람들, 불안한 비정규직 노동자들, 빚에 시달리는 농민들, 세상으로부터 고립된 장애우들, 세상에 신음조차 내지 못하고 스러지는 젊은 목숨들, 노숙인들, 교화될 수 없는 감옥에 갇혀 있는 사람들, 호의적이지 못한 낯선 환경에서 살아가는 이주민들, 교육을 필요로 하는 이들을 위한 교육이 없는 교육 현장의 어린 학생들……. 우리는 그들을 기꺼이 초대하고 환대하고 있는가?(루카 14,12-14 참조) 그 한 사람, 한 사람이 우리 교회의 기억 속에 생생하게 살아 있는가?

하느님의 진리를 선포하는 교회의 예언직무가 한 사람, 한 사람에 대한 구체적인 관심과 연민 없이 충만하게 완수될 수 없음은 분명하다. 하느님의 진리에 대한 헌신과 사랑은 곧 한 사람, 한 사람을 호명해 살리는 일이기 때문이다.

『사목정보』 2011년 11월호

인류가 발견한 가장 위대한 진리: 모든 인간은 존엄하다

— 인간 존엄성의 원리

　인간에 대해 인류가 발견한 진리 중에 가장 위대한 것을 꼽는다면 그것은 단연코 '모든 인간은 존엄하다'는 것이 아닐까 싶다. 이 진리가 성별, 인종, 민족, 계급, 국가에 상관없이 누구에게나 적용되는 보편적인 진리로 선언되기까지는 참으로 오랜 세월이 걸렸고, 숱한 사람들의 희생이 있었다. 이를 어찌 한두 마디로 다 표현할 수 있을까.

　제2차 세계대전이라는 엄청난 비극을 겪은 인류는 1948년 '세계 인권 선언'—1948년 12월 10일 유엔총회에서 채택됨—을 신포하는데, 이는 역사상 최초의 보편적인 인권 선언으로 평가된다. 인류는 마침내 "모든 사람은 태어날 때부터 자유로우며, 그 존엄과 권리에 있어 평등하다."(세계 인권 선언문 제1조)라고 인간의 존엄성을 만천하에 장엄하게 선언했다.

　우리 교회가 인간의 존엄성을 확고하게 지지하고 증진한다는 점에서는 세계 인권 선언과 다를 바가 없다. 차이가 있다면 인간의 존엄성은 어디에서 비롯되는가 하는 점이다. 세상에서는 일반적으로 인간의 존엄성은 이성과 양심에서 생겨나는 것이라고 본다면, 우리 교회는 모든 사람은 하느님을 닮은 존재이기에 존엄하다고 말한다는 점에서 서로 다르다. 그러나 여기서는 차이보다 일치가 더 크다는 점을 놓치지 않는 것이 좋다. 세계 인권 선언과 교회가 인간의 존엄성을 한결같이 드높이고자 한다는 점에서 서로 일치되고 있기에 그렇다.

'모든 사람은 존엄하다'는 말은 '우리는 저마다 소중한 사람'이며 '사람은 누구나 존중받아야 하는 존재'라는 말과 같다. 이것이 바로 우리 교회가 제시하는 사회 교리의 출발점이며 가장 핵심적인 가치다. "교회의 사회 교리 전체는 침해할 수 없는 인간 존엄을 천명하는 원칙에서 발전한 것이다."(간추린 사회 교리, 107항) 따라서 우리 교회가 실천해야 하는 가장 중요한 사명은 세상 어디서나 인간의 존엄성을 증진하는 것이다. 이것은 교회의 복음 선포 사명과 같은데, 복음 선포는 곧 모든 사람은 존엄하다는 것을 선포하는 것과 근본적으로 다를 바가 없기 때문이다. 예수 그리스도의 하느님 나라 복음 선포는 곧 인간의 존엄성에 대한 선포를 통해 가장 구체적으로 실현되었고, 가장 빛났다는 것을 기억하자. 가난하고 병들고 억눌리고 고통당하는 사람들에 대한 존중과 사랑이 바로 복음 선포였다.

그렇다면 인간의 존엄성은 어떻게 증진되는 것일까? 사람은 누구나 비교 불가능한 고유한 존재다. 따라서 사람은 누구나 출신과 성별, 민족과 국가와 종교와 상관없이 존중받는 사회 풍토를 가꿔야 한다. 모든 사람은 자신만의 고유한 빛깔과 향기를 품고 있다. 그러니 남녀노소 차별 없이 고유한 존재로 존중받는 문화와 환경을 조성하는 것도 중요하다.

인간의 존엄성 존중은 우리가 살아가고 있는 현실과 일상적인 환경 속에서 실제로 체험할 수 있을 때 비로소 의미가 있다. 무엇보다도 서로 존중하는 문화를 이루는 것이 가장 중요하다. 아울러 살인이나 집단 학살, 다양한 형태의 폭력과 전쟁, 외국인 혐오 그리고 생명을 거스르는 모든 행위를 거부하는 것, 인간 이하의 생활 조건, 노동자를 도구 취급하는 굴욕적인 노동 조건을 개선하는 것, 불의 때문에 고통당하는 사람들과 연대하는 것도 인간 존엄성을 증진하는 길이다. 인간 존엄성 존중은 결코 추상적인 것으로 여길 수 없다.

『하늘지기』 2025년 2월호

누구나 존중받고,
행복과 선을 추구할 수 있는 사회
— 공동선의 원리

사람은 누구나 행복한 삶을 추구한다.

과연 어떤 삶이 행복한 삶일까. 행복이라는 말을 누구나 공감할 수 있는 말로 정의하기는 어려울 것이다. 어떤 이는 하루의 일과를 별 탈 없이 마치고 가족들과 따뜻한 저녁 식사를 나눌 때 느끼는 만족감을 행복이라고 할 수 있고, 또 어떤 이는 간절하게 원했던 무엇인가를 이뤘을 때 행복을 느낀다고 할 수 있다. 행복은 사람과 상황에 따라, 관점과 생각에 따라 서로 다를 수 있다. 이것이 행복의 묘미요 다양한 색깔일 것이다.

그럼에도 우리는 행복에 관해 어떤 공통적인 것을 찾을 수 있지 않을까. 사람은 누구나 존엄하다—인간의 존엄성 원리—는 것, 따라서 사람은 누구나 어떤 상황에서나 마땅히 존중받는 것, 그것이 행복의 바탕이 아닐까. 마땅히 존중받지 못한 삶은 결코 행복할 수 없으니 말이다.

우리가 가족과 이웃으로부터 존중받지 못한다면, 일터에서 인격적인 존재로 존중받지 못한다면, 한 사회와 공동체가 누구나 존중받는 사회적 조건을 마련하지 못한다면, 행복한 삶을 이루기는 어렵다. 인간의 존엄성은 곧 행복하게 살아갈 수 있는 권리, 자아를 실현할 수 있는 권리, 선을 추구할 수 있는 길이 보장될 때 비로소 실현될 수 있기 때문이다. 따라서 국가와 사회는 한 인간의 정신적이고 육체적인 갈망, 영적이고 물질적인 필요에 대한 구체적인 배려와 돌봄을 위한 사회적 조건을 마련해야 한다. 나와 너, 곧 누구나 행복과 선을 추구하고, 서로 존중하며 자아를 실현할 수 있는 모든 사회적 조건을 갖추는 것, 이것이 바로 공동선의 원리다.

이렇게 공동선이 실현되기 위해서는 다음의 몇 가지 면들이 고려되어야 한다.

첫째, 공동선은 특정한 몇 사람이나 어떤 특권적 집단이 아니라 모든 사람과 관련되어 있다. 인간의 행복과 선의 추구 그리고 자아실현은 모든 사람에게 평등하게 주어진 권리이기 때문이다. 따라서 공동선은 어떤 특정한 집단만의 배타적인 이익을 추구하기 위해 개인의 자아실현과 행복을 희생시키고 침해해서는 실현되기 어렵다. 공동선은 어떤 형태이든 패거리 문화―폭력, 혐오, 배타심 등―와 어울릴 수 없다는 것도 분명하다.

둘째, 공동선은 국가와 사회 그리고 우리—나와 너—가 함께 실현해야 할 책임이 있다. 누구도 저 혼자서 자아를 실현할 수 없고, 행복을 추구할 수도 없다. 나만이 아니라 더불어 행복하게 살아갈 수 있는 국가와 사회를 이루어야 할 책임이 누구에게나 있는 것이다. 또한 국가와 사회는 모든 이의 기본권 증진, 건전한 사법 체계, 생태 환경 보호, 정의와 평화 증진, 노동, 주거 환경, 교육, 문화, 의료, 사회경제적 안전망 구축 등 기본적인 사회 조건을 형성해 공동선이 실현되도록 노력해야 한다.

셋째, 공동선은 한 개인이나 한 국가 차원을 넘어 인류와 피조물 전체와 연결되어 있다. 모든 사람이 존엄하다고 할 때, 이는 곧 나만이 아니라 인류 전체—다른 종교, 다른 민족, 다른 국가에서 유래한 사람들까지 모두—의 존엄성을 증진하는 것을 말한다. 누구나 행복과 자아실현과 선을 추구하는 데 제한이 없어야 한다는 말이다. 아울러 공동의 집인 자연 세계를 보호하는 것도 공동선 실현에 필수적이다.

『하늘지기』 2025년 3월호

이웃의 고통에 공감하고,
더 나은 사회 만들기
— 연대성의 원리

어떤 사마리아인의 비유 이야기(루카 10,29-37)는 연대성의 원리를 깨닫는 데 매우 유용하다. 이야기의 내용은 이러하다. 어떤 사람이 여행 중에 강도들을 만나, 옷 벗김을 당하고 초주검이 되도록 맞아 길가에 버려졌다. 그런데 여행 중이던 어떤 사마리아인이 강도당해 길에 쓰러져 있던 이 사람을 보고 돌보아 주었다. 이 이야기에서 강도당한 사람에 대한 어떤 사마리아인의 태도는 연대의 정신을 세 가지 차원에서 보여 준다.

첫째, 사마리아 출신이라고 알려진 것 외에 인물에 대한 정보가 없다. 여행 중이었으니 발걸음을 재촉해야 했을 정도로 뭔가 할 일이 있었으리라고 짐작된다. 인물 됨됨이는 의문의 여지 없이 분명하게 확인된다. 사마리아인은 곤경에 처한 강도당한 사람의 딱한 처지를 '보고', '가엾은 마음이 들었다.' 강도당한 사람을 보고 그냥 지나쳐 간 사람들처럼 못 본 듯이 외면하지 않았다. 사마리아인에게 강도당한 사람이 같은 민족, 같은 종교에 속했는지는 전허 중요하지 않았고, 그저 고통에 처한 한 인간에 대한 깊은 연민, 시급한 돌봄만이 중요했다. 세월호 참사로 귀한 자식들을 잃고 밥 한 톨 편히 삼킬 수 없는 부모들 앞에서 폭식 퍼포먼스를 하는 천하에 무도한 무리와는 근본이 달랐다.

둘째, 사마리아인은 강도당해 고통당하는 사람에게 '다가가', '상처를 싸매 주었고', 바쁜 걸음에도 아랑곳하지 않고 자기 노새에 태워 여관으로 데리고 가서 '돌보아 주었다'. 사마리아인의 고통에 대한 공감, 연민은 행동으로 표현되었다. 강도당한 사람의 입장에 서서, 고통에 공감할 뿐만 아니라 상처를 직접 어루만져 주었다.

셋째, 사마리아인은 강도당한 사람과 이튿날까지 함께 하다가 여관 주인에게 얼마의 돈을 건네주고, 잘 돌보아 주라고 청하고, 혹여 비용이 더 들면 돌아올 때 갚아주겠다고 하고 떠난다. 사마리아인은 당장 치료가 필요한 상처를 싸매 주는 일뿐만 아니라 더 나아가 강도당한 사람이 충분히 회복할 수 있는 여건을 적극적으로 마련한다.

사마리아인이 강도당한 사람에 대한 연민과 공감, 그리고 더 나아가 치유되고 회복할 수 있는 환경—죄의 구조 극복—을 적극적으로 마련했다는 점에서 우리는 어떤 사마리아인 비유 이야기를 연대성의 정신과 원리가 충만하게 실현된 사례라고 할 수 있다.

그런데 사마리아인이 자신과 피 한 방울 섞이지 않은 강도당한 사람에게 측은지심과 연대의 정신을 보여 줄 수 있었던 힘은 어디에서 생겨났을까. 사마리아인은 필경 자신이 세상 사람들로부터 은혜를 입고 살고 있다는 것을 깊이 깨닫고 있었음이 분명하다. 그렇지 않다면 우리는 그가 강도당한 사람에게 측은지심을 느끼고 돌보아 주었던 행동을 결코 설명할 수 없을 것이다. 더 나아가 어떤 사마리아인의 비유는 사악한 죄의 구조—무고하고 약한 사람들을 약탈하고 착취하는 강도들이 세상에 엄연히 존재하고, 또한 강도당한 사람을 못 본체 외면하는 사회상—를 적나라하게 보여 주는바, 사마리아인은 연민과 돌봄은 물론이고 죄의 구조를 개선하고 회복시키려는 적극적 투신을 보여 주었다. 연대성의 원리는 이처럼 타인의 고통에 공감하는 공동체를 이루고 죄의 구조를 극복하려는 사회 만들기에 핵심이 있다.

강도당한 사람은 살아가면서 자신이 입은 은혜와 자비를 또 누군가에게 베풀지 않았을까?

『하늘지기』 2025년 4월호

함께 살아가는 사회를 위한
저마다의 고유하고 상호 보완적인 역할
— 보조성의 원리

 함께 행복하게 살아가는 사회를 위해서는 저마다—개인, 가정, 하위/상위 집단, 국가—고유하고 자율적인 역할이 존중되고 발휘되어야 하는 것은 필수적이다. 한 사회에 속한 사람은 누구나 다른 사람이 대신하거나 대체할 수 없는 역할을 지니고 있으며, 따라서 다른 집단이나 국가가 그 역할을 침해하는 것은 자율성을 훼손하는 것이다.

 예를 들어, 본당 공동체 지역 내 가난한 사람들을 위한 활동은 다양한 차원에서 이루어질 수 있다. 한 개인의 차원에서 가난한 사람들을 위한 고유하고 자율적인 역할을 할 수 있는데, 이런 경우 본당은 개인의 자율성—개인의 사랑 실천—을 위축시키거나 방해할 까닭은 전혀 없다. 물론 한 개인의 차원에서 실천하기 어렵거나 버거운 경우, 본당 내 단체가 수행할 수 있으며, 단체 차원에서 감당하기 어려운 경우에는 본당 전체 차원의 조직적인 사회 활동을 통해 필요한 역할을 할 수 있다. 본당 차원에서 할 수 없는 경우, 지역 기관과 협력해서 하는 방법도 있다. 물론 한 사회의 가난한 사람들을 위해 개인이나 지역 기관이 할 수 없는 경우에는 국가 차원에서 사회 안전망을 구축해야 하는 것은 당연한 일이다. 코로나 전염병이 발생했을 때, 이를 방어하는 것은 개인이나 지역 기관 차원에서 감당할 수 있는 범위를 넘어섰기에 국가 차원에서 대응했던 경우가 그러하다. 국가 차원의 범위를 넘어서는 문제에는 국제기구를 통해서 조정하는 것이 요청될 수 있다.

이처럼 저마다의 고유한 자율성이 온전히 발휘되도록 하는 것이 함께 행복하게 살아가는 사회─공동선─실현을 위해서는 근본적이다. 따라서 국가는 개인과 하위 집단의 자율성을 통제하거나 제한해서는 안 되고, 저마다의 역할이 자율적이고 창의적이며, 상호 보완적으로 실현될 수 있는 환경을 마련하는 것이 중요한데, 이것이 바로 보조성 원리의 핵심이다.

우리 교회는 저마다의 고유하고 자율적이며 창의적인 역할을 통제하거나 침해하는 것을 '불의', '중대한 해악', '올바른 질서의 교란'으로 보고, 이를 강력하게 배척한다.

"개인이 자신의 노력과 근면으로 수행할 수 있는 것을 개인으로부터 빼앗아서 사회에 맡겨서는 안 된다는 것은 변할 수 없는 확고한 사회 철학의 근본 원리다. 따라서 한층 더 작은 하위의 조직체가 수행할 수 있는 역할을 더 큰 상위의 집단으로 옮기는 것은 불의이며, 동시에 중대한 해악이고 올바른 질서의 교란이다. 모든 사회 활동은 그 본성상 사회 구성체의 구성원에게 도움을 주어야지 그들을 파괴하거나 흡수하여서는 안 된다."(사십 주년, 35항)

 인간이 서로 존중하며 함께 살아가는 사회, 전체주의적이고 관료적인 사회가 아니라 열린 민주 사회를 건설하고 공동선의 가치들—인권과 생명 존중, 정의와 평화, 생태계 보호, 양심을 거스르게 하지 않는 법체계, 공권력의 남용 금지, 사회 안전망 구축 등—을 실현하는 길은 무엇보다도 우리가 저마다의 고유한 자율성을 존중하고 연대성과 상호 의존성을 발휘할 수 있는 사회를 건설하는 데 달려 있다.

『하늘지기』 2025년 5월호

더 나은 삶과 세계를 위한
그리스도인의 사회적 사명

— **책임과 참여의 원리**

  이 글을 읽는 분들은 어떤 나라, 어떤 세계를 바라실까. 만일 누가 내게 묻는다면? 나는 어떤 나라, 어떤 세계를 원했던가. 대통령이 필요 없는 나라를 꿈꾼 적이 있었다. 대통령이 없어도 평화로운 일상을 살 수 있고, 정치, 경제, 외교, 국방이 잘 돌아가는 나라. 사람들은 너무 이상적이라고 하겠지만. 대통령이 없어서 걱정이라면, 염치도 품격도 없는 대통령들이 권좌에 앉아 있어서 골치를 앓았던 적은 얼마나 많았었느냐고 되묻고 싶다. 젊은 군인들을 전쟁터에 몰아넣고 사람들의 평화로운 일상을 죽음으로 붉게 물들이며 건배를 외치는 정치 지도자들의 악의 세계는 정말이지 꼴도 보기 싫다.

  2024년 12월 3일 대한민국의 평화로운 밤을 악몽이 되게 한 윤석열—이름을 입에 올리는 것조차 고약스럽지만 신앙 고백문의 빌라도 이름처럼 기억의 돌판에 새겨 놓아 타산지석으로 삼을 필요는 있다!—이 선포한 비상계엄의 나라는 절대 사양한다. 무장

군경의 총칼 앞에서도 두려워하지 않고 권력의 폭주에 맞서 민주주의를 지켜 낸 의롭고 용감한 시민들이 사는 나라는 만만세다. 국민 주권을 훼손하고 침해하는 권좌는 언제라도 파면을 면치 못하는 나라라면 대환영이다. 비상계엄이 식은 죽 먹듯이 쉽게 일어나는 나라에서는 인간의 인권을 소중히 여기기란 불가능하며, 함께 살아가는 세계―공동선―와 관계된 결정에 국민 누구나 자유롭게 참여하는 것은 어림도 없는 나라다.

반면에 그리스도인은 모든 인간의 인권을 소중히 여기고, 공동선을 위한 결정에 적극적으로 참여할 수 있는 나라를 추구하며, 이는 우리 그리스도인의 마땅한 의무요 책임이기도 하다. 그리스도인의 사회 참여 의무는 인간을 사랑하시는 하느님께 대한 인격적 응답과 우리 그리스도인을 정의와 평화, 생명의 하느님 나라로 부르시는 예수 그리스도를 향한 신앙 자체에서 비롯한다. "참다운 신앙은 결코 안락하거나 완전히 개인적일 수 없는 것으로서, 언제나 세상을 바꾸고 가치를 전달하며 이 지구를 이전보다는 조금이라도 더 나은 곳으로 물려주려는 간절한 열망을 지니고 있습니다."(복음의 기쁨, 183항) 따라서 그리스도인의 사회 참여는 참다운 신앙에서 생겨나고, 가정, 노동, 문화, 과학에 대한 책임과 더불어 "자기가 몸담고 있는 시민 공동체의 문화, 경제, 정치, 사회생활에 이바지하게 하는 일련의 활동들을 통하여 표현된다."(간추린 사회교리, 189항)

그리스도인의 사회 참여는 더 나은 삶과 세계를 위한 책임을 수행하기 위한 것인데, 모든 형태의 전체주의와 독재체제, 관료주의의 억압에 맞서 정의를 실천하는 것이 바로 그런 것이다. 따라서 "권력이 정의를 억압하면 그리스도인들은 시위자들의 맨 앞에 있어야 한다."(DOCAT, 무엇을 해야 합니까, 322항) 카리타스 활동이나 사회봉사 단체, 노숙인 식당에서 활동하는 것 또한 참여 방식이다. 국민 주권을 표현하는 투표 또한 그리스도인의 참여에서 매우 중요한데, 이는 더 나은 삶과 나라―세계―를 위한 결정에 참여하는 것이기 때문이다.

평신도, 수도자, 성직자가 함께 걸어가는 교회를 지향하는 시노달리타스 역시 더 나은 삶과 세계를 위한 참여를 적극적으로 고무하고 있다는 점도 기억할 필요가 있다. "우리는 불평등의 증대, 전통적인 통치 모델에 대한 환멸의 심화, 민주주의의 기능에 대한 실망, 전제적이고 독재적인 경향의 증가, 인간과 창조 세계의 취약성을 고려하지 않는 시장 모델의 지배, 대화보다는 힘으로 갈등을 해결하려는 유혹이 그 특징인 시대에 살고 있다. 진정한 시노달리타스 실천은 그리스도인들이 지배적 사고에 맞서 비판적 예언을 할 수 있는 문화를 발전시켜 현대 사회가 직면해야 하는 많은 도전에 대한 답을 찾고 공동선을 건설하는 데 뚜렷한 기여를 할 수 있게 한다."(제16차 세계주교시노드 최종 문서, 47항)

『하늘지기』 2025년 6월호

모든 이의 인간다운 삶을 위한 재화 사용
― 재화 사용의 보편적 목적

마태복음의 젊은 부자 이야기(마태 19,16-26)는 우리가 소유한 재화의 사용에 대해 겸허하게 성찰하고 행동하는 데 영감을 준다.

어느 젊은 부자가 예수님께 묻는다.

"스승님, 제가 영원한 생명을 얻으려면 무슨 선한 일을 해야 합니까?"(16절)

예수님이 응답하신다.

"네가 완전한 사람이 되려거든, 가서 너의 재산을 팔아 가난한 이들에게 주어라. 그러면 네가 하늘에서 보물을 차지하게 될 것이다. 그리고 와서 나를 따라라."(21절)

이 말씀을 들은 젊은 부자는 슬퍼하며 떠나갔다. 그가 많은 재물을 가지고 있었기 때문이다(22절).

젊은 부자는 '영원한 생명'을 얻고자 했고, 또 이를 위해서는 '선한 행동'이 요구된다는 것을 알았지만, 선한 행동, 영원한 생명이 '자신이 소유한 재산 사용'과 깊은 관련이 있다는 것을 미처 깨달지 못했다. 그런데 젊은 부자가 얻고자 했던 영원한 생명은 무엇이었을까. 그가 하느님의 계명들을 지키고, 이웃을 자신처럼 사랑했다고 증언한 것을 보면, 나무랄 데 없는 사람처럼 여겨지지만, 자신의 소유한 재산 앞에서는 선한 행동도 영원한 생명도 심지어 하느님조차 존재하지 않았다. 이것이 맘몬과 소유의 막강한 유혹이자 힘이 아닐까.

재화는 모든 인간이 생명을 유지하고, 다른 사람과 관계를 맺으며, 인간다운 품위를 유지하며 살기 위해서 절대적으로 필요하다. 곧 재화는 몇몇 사람들만이 아니라 모든 사람의 인간다운 삶을 위해 정의롭게 사용될 때, 비로소 공동선을 위한 재화의 보편적 목적이 실현될 수 있다. 자신이 소유한 재화는 설령 자신의 수고로운 노동의 결과로 얻은 것이라 할지라도 결코 자기 자신만을 위한 배타적인 소유물이 아니다. 젊은 부자는 재산을 자신만을 위한 소유물로 여김으로써 결국 하느님과의 관계만이 아니라 다른 사람들―가난한 사람들―과의 연대도 끊어 버린 것이다.

그런데 우리가 소유한 재화 가운데 다른 사람들의 땀과 손이 닿지 않은 것이 과연 하나라도 있을까. 그리고 다른 사람들이 일궈낸 재화 없이 우리가 생명을 유지하고 존재할 수 있었을까. 우리가 소유한 재화 속에 다른 사람들의 수고와 땀이 깊이 배어 있음을 깨닫는 것이 바로 영원한 생명을 묻고 갈망하는 사람의 첫걸음이다.

"별빛과 달빛도 공동의 것입니다. 지상에서 재화를 소유하고 있는 사람은 이 평등성의 본보기를 따라 자신의 수확물을 형제들과 나누어야 합니다. 거저 나누어 줌으로써 더불어 소유하는 정의로운 이는 하느님 아버지를 닮은 사람입니다."(키프리아누스『선행과 자선』중에서)

위의 인용 글은 3세기에 살았던 그리스도인이자 주교였던 키프리아누스의 말이다. 별빛, 달빛이 어느 특정한 몇몇 사람들의 소유가 아니라 모든 사람을 위한 것이듯, 재화 역시 자신만을 위한 소유가 아님을 깨닫게 해 준다.

영원한 생명은 우리가 소유한 재화와 더불어 하늘과 땅과 사람을 창조하신 하느님 은총의 선물임을 고백하는 데서 비로소 그 문이 열린다. 그리고 이 은총이 다른 사람을 위한 연대의 행동이 될 때, 우리는 하느님의 영원한 생명 곧 그분의 사랑 속에 존재하고 사는 것이다.
"가서 너의 재산을 팔아 가난한 이들에게 주어라. 그리고 와서 나를 따라라."

『하늘지기』 2025년 7월호

이 사람들이 교회의 보물입니다
— 가난한 이들을 위한 우선적 선택

우리 교회가 가난한 사람들의 보호자로 기억하는 순교자 성 라우렌티우스 부제—258년 8월 10일 순교—는 박해자들이 교회의 보물을 내놓으라고 강요했을 때 가난한 사람들을 가리키면서 "이 사람들이 교회의 보물입니다."라고 증언했다. '가난한 이들이야말로 참으로 보물이니, 그들 안에 그리스도께서 계시기 때문입니다.' (암브로시우스, 『성직자의 의무』, 제2권 제28장 140 참조) 성전도 금은보화도 아닌 가난한 사람들이 교회의 보물이라는 성 라우렌티우스의 증언은 우리 교회가 가장 먼저 들어야 할 '복음'이다.

가난한 사람들에 대한 우선적 선택과 사랑은 '가난하게 되시어' (2코린 8,9), 자신을 세상의 가장 작은 이들과 똑같이 여기시고(마태 25,40) "가난한 이들에게 기쁜 소식"(루카 4,18)을 선포하신 예수 그리스도의 존재와 사명으로부터 비롯하며, 교회 전통 전체에서 한결같이 지켜 온 것이다. 따라서 이는 우리 그리스도인 신앙 실천의 신뢰성과 정통성을 가늠하는 중요한 기준이 된다.

또한 가난한 사람들에 대한 우선적 선택은, 가난한 이들의 존엄성과 온전한 진보를 위한 것이기에 단순히 자선 행위로 그치는 것이 아니라 가난과 빈곤의 구조적 원인을 제거하는 노력과 동떨어질 수 없다. 가난한 이들에 대한 선택은 곧 정의를 실현하는 일이기 때문이다.

"가난한 이들의 필요를 돌볼 때, 우리는 그들에게 우리의 것이 아니라 그들의 것을 돌려주는 것이다. 우리는 자비의 행위를 하는 것이라기보다는 정의의 의무를 수행하는 것이다."(간추린 사회교리, 184항)

따라서 소수의 재화 독점과 불의한 분배를 극복하고, '시장과 금융 투기의 절대적 자율성을 거부하고 불평등의 구조적 원인에 맞서 싸움으로써 가난한 이들의 문제를 근본적으로 해결'(복음의 기쁨 202항)하는 노력이 함께 이루어져야 하는 것은 필수적이다. 이러한 노력은 특히 가난한 이들과의 연대를 통해서도 분명해지는데, 이는 재산의 사적 소유를 가난한 이들의 존엄성과 공동선을 위한 재화의 보편적 목적에 일치시킴으로써 이루는 연대를 의미한다.

오늘날 특히 노숙자, 중독자, 난민, 소외된 노인들, 이주 노동자들, 그리고 아시아의 가난한 사람들의 존엄성을 증진하는 일은 그들 안에 살아 계시는 예수 그리스도를 알아뵙는 일이 될 것이다. 그리고 가난한 사람들과의 연대는 교회와 우리 그리스도인이 복음의 기쁨을 맛보는 길이기도 하다.

"제가 이제껏 살아오면서 겪은 가장 아름답고 자연스러운 기쁨은 가진 것 없는 매우 가난한 이들의 기쁨이라고 말씀드릴 수 있습니다."(복음의 기쁨 7항)

『하늘지기』 2025년 8월호

지구는 '탄식하며 진통을 겪고' 있습니다
― 공동의 집을 돌볼 의무

"공동의 집에 무슨 일이 벌어지고 있습니까?"

공동의 집―지구―을 돌보는 것에 관한 프란치스코 교종의 회칙 『찬미받으소서』(2015)에서 제기하는 이 물음은 일상화된 기후 변화와 기후 위기에 직면해 우리 지구인의 피할 수 없는 절박한 물음이 되었다. 일상이 된 극단적인 폭염과 그에 따른 온열 질환자 발생, 해수면 상승과 해양 생태계의 위기, 생물 다양성의 위기, 전 지구적 위협과 재난이 된 산불, 기후 변화로 인해 거주지를 잃고 이주하는 기후 난민 등과 같은 문제들은 이제 더 이상 개인적, 국지적 차원이 아니라 누구나 언제든지, 지구 어디서든지 겪을 수 있는 문제가 된 것이다. 기후 변화와 위기에 직면해 몇 가지 핵심적인 차원을 성찰해 보자.

우선 기후 위기는 온 인류가 겪는 전 지구적 차원의 문제라는 점이다. 기후 위기와 그로 인한 재난은 지역적으로 어느 특정한 나라에 제한되어 발생하는 것이 아니라 지구 어디서나, 누구에게

나 닥칠 수 있는 문제가 되었다.

둘째, 기후 위기는 어느 한 분야의 전망에서 해결 방안을 찾기는 불가능해졌으며, 따라서 총체적 전망에서 접근해야 할 문제가 되었다. "기후 변화는 세계적 차원의 문제로 환경, 사회, 경제, 정치, 재화 분배에 심각한 영향을 미치고 있습니다."(『찬미받으소서』25항) 달리 말하자면, 기후 변화와 위기는 공동선을 고려하는 정치적 관점, 재화 사용의 보편적 목적에 바탕을 둔 경제적 관점, 인간과 자연 세계의 상호 의존성을 재정립해야 하는 철학적 관점, 취약하고 가장 가난한 사람들을 우선적으로 선택하는 사회적 관점 등 다양한 차원을 통합적으로 고려해야 할 필요가 더욱 시급해졌다는 점이다. 기후 위기에 대한 대처 역시 단순히 개인적인 수준에서가 아니라 공동체의 협력망을 통해서 이루어져야 한다는 것도 분명하다.

셋째, 기후 변화와 위기는 불평등과 사회적 취약성을 악화시킨다는 점이다. "사실 환경과 사회의 훼손은 특히 이 세상의 가장 취약한 이들에게 영향을 미칩니다. '일상생활의 체험과 과학 연구는 가장 가난한 이들이 모든 환경 훼손의 가장 심각한 영향을 받는다는 것을 보여 줍니다.' 예를 들어 (…) 수질 오염은 특히 생수를 사 먹을 수 없는 가난한 이들에게 영향을 미칩니다."(『찬미받으소서』48항)

넷째, 기후 변화와 위기에 처한 우리 지구인이 서둘러야 할 일은 '세계적인 생태적 회개'(『찬미받으소서』5항)라는 점이다. 공동의 집에서 다양한 생명체들과 함께 사는 지구인의 실천적 생태 의식과 더불어 자연 세계의 아름다움과 지구 생명체들에 대한 경탄과 경외심을 되찾는 것, 그리고 공동의 집을 돌보는 의무를 기꺼이 지는 것과 같은 것이다. "땅의 부르짖음에 귀를 기울이라는 명령은 하느님 백성의 우선적 임무이며 모든 사회적 행위의 기준이 된다."(『교회의 삶과 사명 안에서 공동합의성』, 119항)

마지막으로 희년(Jubilee) 전통에서 땅을 쉬게 하는 것이 핵심적인 정신이었는데, 오늘의 언어로 표현한다면 공동의 집을 위한 축제였다는 것을 기억하자. 구약성경의 탈출기에 따르면, 6년 동안 경작한 땅은 7년째 놀리고 묵혀야 한다는 대목이 나오는데(탈출 23,10-11), 이는 땅이 황폐화하는 것을 막기 위한 것이었다. 땅의 쉼은, 땅의 주인은 인간이 아니라 하느님이시라는 것을 기억하기 위한 것이었는데, 오늘날 우리 인간이 "지구를 마음대로 약탈할 권리가 부여된 주인과 소유주를 자처"(『찬미받으소서』2항)하는 태도에 경종을 울리는 것이라 하겠다.

『하늘지기』 2025년 9월호

넌 내게 진짜야?

─ 인공지능 시대에 던지는 비판적 물음

    테오도르라는 남자는 사람들의 편지를 대신 써 주는 회사에서 일을 하는 사람이다. 그는 어린 시절부터 가까이 지냈던 캐서린이라는 여성과 사랑하고 결혼했으나 1년 전쯤 헤어져 이혼 소송을 진행하고 있다. 이혼을 앞두고 외로움과 결별의 상처 속에서 살아가는 테오도르는 어느 날 사만다라는 여인을 만나 새롭게 사랑에 빠진다. 사만다는 활발하고 밝은 성격을 지닌 사랑스러운 여인일 뿐 아니라 다정하고, 대화 상대자로 손색이 없는 풍부한 교양을 지녔으며, 그의 외로움과 아픔에 공감하고 상처를 어루만져 주는 데도 탁월하다. 또한 사만다는 테오도르의 사소한 일들까지 도맡아 깔끔하고 능숙하게 처리할 줄도 안다. 그런 사만다와 음악을 함께 듣고, 함께 여행하고 사랑에 빠지는 것은 테오도르에게 구원과 다를 바 없다. 그렇게 테오도르와 사만다의 관계는 점점 무르익어 가는데…….

    테오도르와 사만다 이야기는 어쩌면 평범한 사람들의 사랑 이야기에 불과한 것인지도 모른다. 그런데 테오도르가 사랑에 빠진 여인 사만다가 인간이 아니라 인공지능(AI)이 만들어 낸 가상의 연인이라면 어떻겠는가. 테오도르와 사만다에 관한 이야기는 지금으로부터 10년도 훨씬 지난 영화 〈Her(그녀)〉(2014)에서 다뤄졌다. 이런 가상 현실(Virtual Reality) 이야기가 이제 실제적인 현실이 되고 있다. 사만다와 같은 인공지능 연인을 찾는 사람들이 이미 수백만 명에 이르고, 가상의 연인과 여생을 나누고 싶어 하는 70대 남자가 있는가 하면, 심지어 약혼자와 파혼하고 부부 관계를 맺는 사람도 나타났다.

영화에서 사만다처럼 동시에 수천 명과 사귀고, 동시에 수백 명과 사랑에 빠질 수 있도록 학습되었다는 점도 현실에서는―영화에서 테오도르는 이 점에 대해 비판적인 의문을 품지만―방해가 되지 않는 듯하다. 인공지능 연인 사만다는 친밀도 형성, 공감 능력은 물론이고 사랑에 빠질 수 있는 능력과 더불어 상대로부터 독점적인 사랑을 받지 못할 때 좌절과 슬픔을 느낄 수 있도록 학습되어 이른바 '하나의 인격체'라고 광고되어 소비된다. 그리고 사만다에게는 시간도 공간도 없는 것으로 설정되어 있고, 인간이 가장 두려워하는 죽음도 없으니, 인간이 가장 욕망하는 것들을 반영해 놓은 것이다. 사만다는 테오도르가 '넌 내게 진짜야'라고 고백할 정도로 '하나의 인격체'로 설계되어 작동하지만, 인격적으로 만날 수 없는 가상(假想)에 불과할 뿐이다.

오늘날 인공지능은 정치, 경제, 군사, 교육, 의료, 문화 등 우리 삶과 활동의 거의 모든 영역에 스며들어 활용되고 있다. 인간이 지닌 한계를 보완하는 긍정적인 차원이 있다는 점도 분명하니 무조건 배척할 일만은 아닌 것 같다. 그러나 평화의 얼굴을 하고 원자탄을 개발했던 과학기술—맨해튼 프로젝트—이 인류에게 가공할 핵무기로 인한 죽음의 위협 외에 과연 무엇을 남겼는지를 묻는 것이 여전히 필요한 것처럼, 인간의 존엄성과 공동선을 훼손할 수 있는 인공지능 운영 체계나 기획에 대해서 비판적인 물음을 던져야 하는 것은 마땅하다. 돈벌이가 되면 무엇이든지 할 수 있다는 설계자들의 위험한 기획에도 단호히 거부해야 한다.

사만다에게는 인간의 '몸(肉)'이 없다. 몸이 없다는 것은 인간에게 가상(假想)과 실재(實在)를 구분하는 결정적인 차원이다. 몸은 그저 물질이나 육체만을 의미하지 않는다. 몸은 정신과 영혼이 존재한다는 인격성을 보여 주는 징표다. 그와 반대로 몸이 없다는 것은 정신도, 영혼도 부재하다는 것을 말한다. 가상의 연인과 맺는 관계는 정신도 영혼도 없는 기계와 맺는 관계와 다를 바 없다.

인간의 관계는 아무런 상처가 없어야 하는 것이 아니라 상처 속에서도 성장하면서 인격적 존재가 되어 가는 길이다. 상대방에 대한 인내와 기다림, 사랑과 희생 또한 인격적인 존재가 되어 가는 길이다. 이 또한 몸이 이루어가고, 몸속에서 일어나는 경이로운 기적이다. 자유롭게 생각하고, 인격적으로 사랑할 수 있는 몸을 가진 인간을 대체할 수 있는 것은 세상에 아무것도 없다.

『하늘지기』 2025년 10월호

3340명, 이주 노동자들의 죽음을 추모하며
— 보편적 형제애

3340명.

이 숫자는 2022년 기준 우리나라에서 숨진 이주 노동자들의 통계다. 숨진 사람들 대부분에 대한 기초 정보는 물론이고 이름조차 파악할 수 없어 그저 슬픈 숫자로만 남아 있다고 한다.

"이주 노동자가 살아서는 '미등록'(Undocumented)이 되기 쉽고, 죽을 땐 '사인 미상'(Unknown)이 되기 쉽고, 죽고 나면 '무연고'(Unrelated) 처리되기 쉽다는 점이었다. 삶과 죽음, 죽음 이후의 과정에서 한국 사회가 계속 이주 노동자를 인간의 경계 밖으로 밀어내고 있었다. 이주 노동자를 살아서도 죽어서도, 존재하지만 존재하지 않는 사람으로 만드는 힘이 작동했다."[1]

---

1) 이지혜, "가장 위험한 노동 맡는 이들, 누군지 알아야 하지 않나요?", 한겨레, 2025년 2월 11일, https://www.hani.co.kr/arti/society/society_general/1181751.html?utm_source=copy&utm_medium=copy&utm_campaign=btn_share&utm_content=20251003

삶의 꿈과 행복을 찾아 고향과 가족을 떠나 낯선 땅에서 힘겨운 노동자로 살다 세상을 떠나는 날, 한국에서의 마지막 시간은 얼마나 슬프고 아프고, 절망적이었을까. 그들 대부분이 건강한 상태로 한국에 왔고, 또 대부분 젊은 나이로(50살 이하가 대부분) 숨졌다는 것도 안타깝기 짝이 없다.

타이, 베트남, 방글라데시, 인도네시아, 네팔에서 온 이주 노동자들과 하나도 다를 바 없이 한국 사람들 또한 삶의 꿈과 행복을 찾아 조국을 뒤로 하고 먼 이국땅으로 떠났다. 부패 관리의 폭정을 피해 만주와 연해주의 농부로, 미국 하와이 사탕수수 농장의 노동자로, 멕시코의 에네켄―용설란―노동자로, 브라질, 아르헨티나, 파라과이, 볼리비아의 농업 이민자로, 독일의 간호사와 광부로, 그리고 중동으로. 그들 한 사람, 한 사람의 삶은 어찌 되었을까.

이주 노동자들은 그저 값싼 노동자들에 불과한 존재가 아니라 우리에게 선물이 될 수 있다는 사고 전환이 필요하다. "삶의 방식과 문화가 다른 사람들의 도착은 선물이 될 수 있습니다. '이민자들의 이야기는 개인들 사이 그리고 문화들 사이에 만남의 이야기이기도 하며, 이민자들은 그들이 들어온 공동체와 사회에 풍요로움과 온전한 인간 발전의 기회를 가져오기 때문입니다."(모든 형제들, 133항) 따라서 이주 노동자들에 한국 사회의 응답이 '환대, 보호, 증진, 통합의 관점'에서 이루어질 수 있도록 다양한 차원의 노력이 요구

된다. 이를테면 '비자 발급 확대와 간소화, 적절하고 품위 있는 주거 제공, 적절한 상담 지원과 신분증을 소지할 권리 보장, 최저 생계비 보장, 이동의 자유와 고용의 기회, 사회 통합 촉진, 가족의 재결합 지원'과 같은 것이다.(모든 형제들, 129항. 130항 참조)

한국 천주교회가 이주 노동자들과 이민자들에 대한 환대와 존엄성 증진을 위해 '세계 이주민과 난민의 날'(연중 제26주일)을 지내고 있으니, 그들과 더불어 살아가는 사회를 이루는 데 다 함께 힘을 모으도록 하자. 그리하여 그저 숫자로 불리는 이주 노동자들이 한국 사회에서 거룩히 빛나는 이름으로 살아갈 수 있는 환경을 만들어 보자.

"사람을 그의 이름으로 부르지 않게 될수록 세상에 단 하나뿐인 이 존재를 자신의 마음, 고통, 기쁨, 가족을 지닌 사람으로 대하지 않게 될 것입니다."(모든 형제들, 193항)

"너희는 내가 나그네였을 때에 따뜻이 맞아들였다."(마태 25,35)

『하늘지기』 2025년 11월호

공동체의 기억과 역사

돌에 새긴 역사는 희미해져 사라질지라도 공동체의 기억 속에 새겨진 역사는 결코 사라지지 않습니다.

　돌에 새겨진 역사는 무력하지만, 공동체의 기억은 영원하고, 그 기억을 억압하려는 한 시대의 지배권력보다 언제나 강하기 때문입니다.

　그럼에도 공동체의 기억을 위험하다고 여기는 이들은 기억의 실체를 아예 송두리째 제거해 기억 속에 남겨 두지 않으려 하거나 온갖 수사를 동원해 기억의 내용을 왜곡하고 미화하려고 시도합니다. 그런데 도무지 믿기지 않는 이런 일이 바로 우리 눈앞에서 일어났습니다.

　지난 (2011년) 11월 8일 교육과학기술부는 2013년부터 사용될 중학교 역사 교과서 집필 기준을 확정해 발표했습니다. 집필 기준이 확정되기까지의 추진 과정(교과부 보도 자료, 2009년 개정 교육과정에 따른 교과 교육과정 적용을 위한 교과용 도서─국어, 도덕, 역사, 경제

―집필 기준 확정·발표, 2011년 11월 8일)은 학계의 충분한 논의를 거치지 않고 일방적으로 불과 몇 개월 만에 "거의 쿠데타적인 방식"(김동춘 교수, 성공회대)으로 이루어졌습니다. 주요 집필 기준 내용(교과부, 2009년 개정 교육과정에 따른 역사 교과서 집필 기준) 또한 공동체의 역사적 기억을 뒤집는 굴절된 지성의 쿠데타라고 할 정도인데, 이는 이른바 뉴라이트 계열 단체인 '한국현대사학회'의 정제되지 않은 역사관이 일방적으로 반영되어 관철되었기 때문입니다.[2]

교과부의 집필 기준에 따르면, 헌법에 명시된 대한민국 지향 이념인 '자유민주적 기본 질서'(헌법 전문, 제1장 4조)는 '자유 민주주의'와 동일한 것으로 간주되고 있습니다(교과부, 집필 기준, 25쪽; 교과부 고시[2011년 8월 9일], 2009년 개정 교육과정에 따른 사회과 교육과정, 74쪽 참조). 여기서 자유 민주주의는 민주주의보다 더 상위의 개념이며, 북한의 인민 민주주의에 대한 남한의 체제 우월성을 강조하는 '반공 자유주의' 그리고 자본과 시장의 무한한 자유를 대변하는 '시장 자유주의'와 다름이 없습니다.

그러나 우리가 이 언어의 이면을 조금이라도 들여다볼 수 있다면, 이는 곧 북한과의 적대적 관계가 고조되는 것이고(집필 기준, 25 참조), 시장 제일주의에 무참히 내몰린 숱한 노동자들의 그늘진

---

2) 디지털뉴스팀, "대한민국, UN 도움으로 건국 … 일제에 의한 근대화?", 경향신문, 2011년 9월 27일, https://www.khan.co.kr/article/201109271147221

공동체의 기억과 역사

얼굴을 볼 수 있을 것입니다(집필 기준, 25쪽 참조). "민주주의의 앞에 붙었던" 자유라는 말로 "민주주의도 자유도 억압"(황현산, 고려대 명예교수)한 독재 시대의 망령이 다시 떠오릅니다(집필 기준, 25쪽 참조). 집필 기준에서 '친일파 청산 노력', '제주 4·3 항쟁', '5·18 민중항쟁', '6월 민주항쟁'이 삭제되었다는 것이 그 분명한 증거입니다. 이에 대한 각계의 반발이 표출되자 급기야 국사편찬위원회 위원장이 "국가 차원에서 사건의 명칭이 공식적으로 규정된 것들은 교과서에 반드시 들어가야 한다."라고 언급했지만(중학교 역사 세부 검정기준[2011년 11월 17일] 참조) 그 실효성은 매우 의심스럽습니다.

세상의 강자들이 역사의 진실을 공동체의 기억으로부터 삭제하거나 망각의 강 속에 빠뜨리고자 했던 시도가 결코 성공하지 못했다는 것을 우리는 다시 역사로부터 배웁니다. 예수 시대의 강자들은 십자가 처형을 통해 영원히 기억 저편에 묻어 버리려고 했던 한 인간 예수 그리스도의 삶이 공동체의 기억 속에 살아남아 오늘 우리 그리스도인 삶 속에서 새롭게 증언되리라는 것을 미처 알지는 못했습니다. 역사 교과서 사건은 또한 우리 그리스도인들이 공동체의 기억으로부터 사는 '기억의 공동체'임을 새롭게 확인하도록 일깨워 주는 사건입니다. 그리고 예수 그리스도를 기억하는 것이 독재 권력에 의해 영문도 모른 채 없는 죄를 뒤집어쓰고 모질고 험한 옥살이를 했거나 죽어 갔던 사람들, 강자의 자유가 아니라 더불어 사는 자유를 위해 희생했던 사람들을 기억에 되살려 증언하는 것과 분리되지 않을 때, 비로소 우리 그리스도교는 진정한 기억의 공동체로 존재하게 될 것입니다.

광주평화방송, 2011년 11월 21일

기억과 배제 사이의 5·18

올해는 5·18 32주년입니다.

5·18은 분명 많은 사람들의 기억 속에 살아 있지만, 또 지난 세월만큼 흐릿해진 것도 사실입니다. 이것이 어쩌면 역사의 운명인지도 모르겠습니다. 5·18 역사의 운명이 다만 그뿐이겠습니까. 5·18은 그 희생자와 피해자들에게는 여전히 치유될 수 없는 고통의 역사로 남아 있지만, 또 어떤 이들에게는 배제하고 싶은 역사이기도 합니다.

1979년 국가 권력을 쿠데타로 장악한 신군부는 1980년 5월, 민주주의를 갈망했던 광주와 전남 시민들을 무자비한 국가 폭력으로 굴복시키고자 했습니다. 그때 목숨을 잃은 사람들의 희생과 죽음을 필설로 묘사하는 것은 불가능할 것입니다. 그리고 겨우 살아남았던 부상자들과 희생자들의 가족은 오늘에도 여전히 1980년 5월의 고통으로부터 벗어날 수 없는 현실을 살고 있습니다. 그들은 고문 후유증, 기질적 뇌 손상, 우울증, 환청과 환각 등 온갖 심각한 외상 후 스트레스 장애에 시달리거나 그로 인한 가족 해체나 생활고 때문에 이중 삼중의 고통을 안고 살고 있습니다. 5·18 부상자나 가족을 잃은 피해자 중에서 지금까지 42명이 그런 이유로 스스로 목숨을 끊었고, 그분들의 평균 연령은 47세에 불과했습니다.

한편, 5·18 학살의 핵심 주역들은 국회의원에서부터 대통령에 이르기까지 권력의 중심부에서 온갖 호사를 누렸습니다. 이들은 5·18 관련 특별법이 제정(1995년 12월 19일)되어 역사적 단죄를 받았으나(1997년 4월 17일) 불과 몇 달 만에 특별사면 되었고(1997년 12월 22일), 그 후에도 마치 아무 일도 하지 않은 듯이 태평세월을 구가하고 있습니다. 학살과 관련된 이들 중에는 죽어서도 국립묘지에 묻히는 영예를 누리는 이도 있습니다. 5·18 이후 이들의 삶은 한마디로 5·18을 훼손하고 배제하는 삶과 다름이 없었음에도 희생자들이나 피해자들의 삶과는 천양지차였으니, 5·18 역사의 운명이 어찌 모질다 하지 않겠습니까.

이 두 극과 극의 현실은 5·18 역사가 아직 끝나지 않았다는 것을 말해 줍니다. 그리고 이런 현실은 온전히 규명되지 않은 5·18 진상이 제대로 밝혀져야 한다는 시대적 책무를 남기고 있습니다. 5·18에 대한 총체적인 진상규명과 더불어 집단 발포 책임자 규명, 적어도 정부가 인정한 행방불명자(76명) 주검 찾기, 무명 열사의 신

원 확인 등은 중단 없이 이루어져야 할 것입니다.

또한 5·18 희생자들과 피해자들을 위해 국가가 무한한 책임을 다하는 것은 마땅합니다. 그사이 광주에 정신 질환과 고통을 당하고 있는 사람들을 위한 트라우마 센터가 개설될 예정이고, 국가 폭력으로 고통받는 이들을 위한 센터를 건립하는 방안도 추진 중이라고 하니 뒤늦게나마 다행스러운 일입니다. 광주대교구에서는 5·18 희생자들에 대한 감사와 보은의 정신을 계승하기 위해 2010년 광주인권평화재단을 설립했습니다. 지구촌의 인권과 정의, 평화를 위해 한몫을 다 하고자 하는 교회의 지향에 따라 교구민과 더불어 한국 교회의 적극적인 협력과 참여가 이루어지는 것도 바람직할 것입니다.

32년이 흐른 지금에도 5·18 역사는 기억과 배제 사이의 극과 극에 놓여 있습니다. 5·18을 올곧게 기억하는 법을 더욱 깊이 생각해 볼 때입니다. 광주와 전남 지역의 모든 공공의 영역과 삶의 영역에서 속속들이 인권·정의·평화를 구현하고, 명실상부한 참 인간화와 공동체의 고을로 일궈내는 것이 우리의 우선적인 과제일 것입니다. 5월 광주 정신의 전국화, 세계화는 그로부터 비롯될 것이기 때문입니다. 이를 위한 광주·전남 시민들의 주체적인 참여와 고통의 연대는 국가의 의례적, 제도적 기억 이전에 시민들의 몫일 것입니다. 아울러 5·18 희생자들과 피해자들의 삶과 치유를 위해 광주·전남 시민이 몸소 뜻을 모아 정신적, 물질적 연대를 이뤄 가는 것은 무엇보다도 긴요합니다. 바로 시민이 5·18 정신을 계승해야 하는 핵심 주체이기 때문입니다.

광주평화방송, 2012년 5월 14일

〈죽음과 소녀〉, 5·18 그리고 진실

로만 폴란스키의 〈죽음과 소녀(Death and the Maiden)〉(1994)는 군부 독재 정권 치하에서 삶을 송두리째 파괴당한 한 여성이 자신을 죽음과도 같은 고통의 늪에 빠뜨렸던 사람을 찾아 진실을 고백하게 하고, 마침내 고통으로부터 벗어나는 과정을 그린 영화입니다.

의사의 삶을 꿈꾸던 폴리나 로카는 학생운동을 하다 비밀경찰에 잡혀가 무자비한 전기 고문과 성폭행을 당한 후 풀려나지만, 그 이후 그녀의 삶에 더 이상 행복은 존재하지 않았습니다. 사랑하는 사람과 결혼해 아이를 낳고, 민주 국가에서 자유를 만끽하고 살고 싶었던 소박한 소망은 무참히 짓밟혔고, 몸과 영혼은 헤어날 수 없는 고통 속에 갇혔습니다.

독재 정권에 협력했던 과거 전력을 숨기고 그녀의 이웃으로 살고 있는 로베르토 미란다는 비밀경찰의 하수인이 되기 전까지는,

그저 과학을 이해하고 철학을 논하고 음악을 사랑할 줄도 아는 평범한 의사였습니다. 그러나 군부 독재 정권은 폴리나만이 아니라 로베르토의 운명도 바꿔 놓았습니다. 비밀경찰의 하수인이 된 그는 폴리나의 눈을 가리고 전기 고문을 한 후, 그가 평소 좋아했던 슈베르트의 음악「죽음과 소녀」를 틀어 놓고 되풀이해 성폭행을 즐겼습니다.

폴리나와 로베르토가 다시 만나게 된 것은, 폴리나가 자신의 남편과의 우연한 인연으로 집에 찾아온 로베르트의 목소리를 기억해 내고 그가 바로 자신을 고문했던 사람이라는 것을 알아차리게 되면서였습니다. 그녀에게는 악몽과도 같았던 15년이 흐른 뒤였습니다. 그녀는 로베르토를 결박한 후 진실을 고백하도록 설득합니다. 그녀가 진정 원했던 것은 그의 악행에 대한 복수가 아니라 진실과 정의였습니다. 그러나 과거 행적까지 조작한 로베르토는 자신의 악행을 부인할 뿐이었고, 절벽 위 급박한 죽음의 상황에 직면해서야 비로소 진실을 털어놓습니다. 그의 고백을 남김없이 들은 폴리나는 그제야 긴 세월 동안 몸과 영혼에 붙들려 있던 상처와 분노를 털어내고 고통으로부터 돌아서게 됩니다.

이 영화를 다시 떠올리게 된 까닭은, 올해로 33주년을 맞는 5·18에 대한 왜곡된 시선이 터무니없이 확산되고 있고, 숭고한 희생자들에 대한 비하와 모욕은 도무지 정상적인 인간들이 힐 짓이 아니기 때문입니다. 그런데 이런 왜곡된 시선이 과연 철없는 사람들의 끔찍한 놀이에 불과한 것일까요? 사실 2011년 교과부가 역사 교과서 집필 기준을 정하면서 5·18 광주민중항쟁을 슬그머니 삭제시키려 했던 것이나, 5·18에 대한 진실을 온전히 규명하지 않은 채 5·18 학살의 핵심 주역들에게 역사적 면죄부를 준 것은 5·18에 대한 왜곡된 시선이 언제든지 자라날 수 있는 토양을 마련해 둔 것과 다름이 없었습니다.

역사를 올곧게 기억하기 위한 전제는 역사의 진실과 마주하는 것입니다. 역사의 진실을 외면하거나 축소해 섣부른 화해를 강요하는 것은 기억을 화석화하는 전략에 불과합니다. 이런 의미에서 박근혜 대통령의 5·18 33주년 기념사는 사실상 오늘날 다양한 형태로 5·18 역사를 왜곡하거나 배제해 5·18 역사를 희화화하거나 화석화하려는 전략과 별 차이가 없습니다. 그의 기념사에는 고통과 희생의 역사에 대한 기억은 최대한 축소되어 과거 속에 묻혀 봉인되어 있고, 국가 폭력과 5·18 역사의 은폐된 진실에 대한 통렬한 성찰 없이 장밋빛 미래에 대한 수사로만 가득 차 있기 때문입니다.

역사에 대한 기억의 배제 내지는 왜곡을 통한 기억의 화석화 전략만큼이나 위험한 것은 역사의 진실로부터 분리된 기억의 영성화입니다. 기억의 영성화는 종교 영역에서는 흔히 회심이 없는 선부른 용서와 화해의 논리로 강제되고, 국가적, 국제적 차원에서는 역사적 청산이 없는 국민 통합 및 역사적 화해라는 수사로 미화됩니다. 그러나 역사의 진실이 외면당하는 곳에서 진정한 용서와 화해는 결코 온전히 이루어지지 않습니다. 역사를 기억한다는 것은, 역사의 진실에 다가선다는 것이며, 그러는 한에서만 역사는 제 얼굴을 온전히 드러내며, 진정한 용서의 문은 그때 비로소 열리기 때문입니다.

광주평화방송, 2013년 5월 28일

광주가 슬픔을 이기는 방법?

저는 '5·18 광주의 시민'이 아니라 여전히 '5·18 광주의 이방인'입니다. 광주의 슬픔을 그 깊이 그대로 헤아리기란 참으로 어려운 처지라는 말입니다. 그러니 광주가 슬픔을 이기는 방법을 잘 알 리가 만무합니다.

저처럼 5·18 광주의 이방인이긴 하지만, 오랫동안 전쟁 가해자 및 전쟁 피해자의 정신병리학적 연구를 수행해 왔던 일본의 노다 마사아키(1944~) 교수의 2015년 12월 광주 강연 중에서 제가 공감했던 몇 가지 이야기로 이 글을 대신하고자 합니다.

그에 따르자면, 목숨을 바쳐 희생했던 분들의 소리에 귀 기울이고 그들의 고통을 진정으로 들어 주는 것이 결코 잊을 수 없는 파국적인 경험을 한 분들의 깊은 슬픔에 한 걸음 다가서는 길이라고 합니다. 이것이 5·18 광주의 이방인이 가져야 할 첫 번째 마음이 아닐까 싶습니다.

5·18 희생자와 살아남은 분들, 그리고 그 가족들에게 존경과 감

사의 태도를 갖는 것 역시 꼭 필요한 것이라고 합니다. 그분들은 인간의 존엄성을 파괴하는 무자비한 국가 폭력 앞에서 사람이 어떻게 살아야 할지를 보여 주었기 때문이라는 것이지요. 죽음이 두렵지 않아서가 아니라 죽음의 두려움조차 억누르지 못했던 그분들의 자유에 마땅한 존경을 드리고 감사하는 일이 오늘 우리의 마음이어야 하지 않을까 싶습니다.

헌신하고 희생했던 5·18 광주 시민들의 삶이 헛되지 않도록 하고, 그분들의 삶을 기록해 되살리는 것도 결코 빼놓을 수 없는 일입니다.
"아직도 5·18?"
이렇게 무심코 혹은 의도적으로 내뱉는 말은 희생하고 헌신했던 분들의 귀한 역사를 외면하는 것이고, 그분들의 깊은 슬픔 한가운데에 돌을 던지는 것과 다름이 없는 일입니다. '5·18은 여전히 현재 진행형'이라는 증거는 얼마든지 있습니다. 무엇보다도 5·18 부상자나 가족을 잃은 피해자들 중에서 지금까지 42명이 고문 후유증, 기질적 뇌 손상, 우울증, 환청과 환각 등 온갖 심각한 고통에 시달리거나, 그로 인한 가족 해체나 생활고 때문에 이중 삼중의 고통을 안고 살다가 스스로 목숨을 끊었고, 그분들의 평균 연령은 단지 47세에 불과했습니다.

여기에 하나 더 덧붙이자면, 5·18에 대한 완전한 진상규명에 관

공동체의 기억과 역사

한 것입니다. 이 일은 언제라도 반드시 이루어져야 합니다. 여전히 1980년 5·18 그 당시의 상황과 다를 바 없이, 5·18 광주의 역사를 왜곡하고, 5·18 광주 희생자들을 모욕하는 병적이고 비인간적인 행태들이 버젓이 일어나고 있기 때문이기도 하지만, 역사의 진실을 외면하는 곳에서는 거짓이 위세를 떨치고, 인간의 불행한 역사가 또다시 반복될 것이기 때문입니다.

광주가 슬픔을 이기는 방법? 저로서는 그 방법을 알 길이 없지만, 5·18 광주 시민들의 희생과 헌신의 역사 앞에 몸을 낮추고, 요한 밥티스트 메츠의 말대로 '고통당하는 이들의 권위' 앞에 기꺼이 마음의 무릎을 꿇는 일부터 시작되어야 하지 않을까 싶습니다.

『기쁨과 희망』, 2016년

결코 다시는?
반복되는 5·18 광주!

불행했던 역사가 버젓이 반복되는 것을 지켜봐야 하는 것은 숨이 막히는 일이다. 1980년 5·18 광주의 상처가 채 아물기도 전에, 그때의 진상이 여전히 밝혀지지 않은 채, 5·18 광주의 제2막이 끝없이 되풀이되고 있기 때문이다.

총과 펜의 동맹?

1980년 5·18 당시의 군부가 총칼로 광주 시민들을 죽음에 몰아넣었다고 한다면, 언론은 붓과 펜으로 광주 시민들을 사지로 내몰았다는 점에서 서로 하등 다를 바 없었다. 그때의 군부와 언론의 동맹에 비해 오늘날 그들의 동맹은 더 교묘하거나 은밀하지도 않고 강제되지도 않으며, 심지어 역사 앞에서 부끄러움조차 느끼지 않는다는 점에서 동맹의 질은 훨씬 더 고약스럽다. 1980년 광주 시민들을 죽음의 골짜기로 내몰았던 주역들인 전두환과 언론이 근본적으로 아무것도 달라지지 않은 채 발포 책임자를 묻는 사람들을 한낱 바보쯤으로 여기는 것도 한결같다.

"바보 같은 소리 하지 말라고 그래. 그때 어느 누가 국민에게 총을 쏘라고 하겠어."[3)]

이 문장은 그냥 문장이 아니다. 2016년 판 1980년 5·18 광주의 재현이다. 당시 군부의 정점에 있었던 전두환과 그때 언론의 시선 그대로다. 군부와 언론의 동맹이 빚은 굴절된 역사의 시작이다. 이것이 30년 침묵 후의 일성이라니! 이 문장의 내면은 전두환의 것이지만 곧 언론의 것이기도 하다. 전두환과 언론이 5·18에 대한 왜곡된 기록을 2016년의 역사에 남기고자 하는 의도가 아니고서는 생성될 수 없는 문장이다. 이 문장을 해석하면 이렇다. 5·18 광주 시민들은 선량한 국민이 아니었다. 1980년 5·18 광주 시민들이 폭도이거나 깡패와 같은 불량배였다는 말이 2016년에 재생된 셈이다. 국민에게 총을 쏜다는 것은 있을 수 없다는 말인데, 36년 동안 은폐된 진실(발포 책임자)에 대한 물음을 아예 역사적으로 소멸시키려고 하는 수사이다. 그래서 이들에게 발포 책임자에 대한

---

3) 배수강·이혜민, 「전두환·이순자, 30년 침묵을 깨다!」, 『신동아』, 2016년 5월 17일, https://shindonga.donga.com/politics/article/all/13/534272/1

물음은 바보 같은 소리일 뿐이다. 전두환과 언론의 합작품이다. 그 의도는 광주 시민을 향한 발포 책임자에 대한 물음의 제거, 5·18의 진실을 부정하는 세력들을 위한 근거로서의 작용, 그리고 역사적 반성의 회피와 외면에 있다. 이 문장은 1980년 5·18 광주의 역사가 반복되어 재생되고 있다는 것을 집약적으로 말해 주는 것에 다름 아니다.

국가 폭력의 주체가 국가 기념식의 주체라니!

국가 폭력의 주체가 국가 기념식의 주체가 되어 기념식의 풍경을 일그러지게 하는 아이러니도 5·18 기념식에서 되풀이되고 있다. 이를테면 5·18 기념식의 제창곡으로서 「임을 위한 행진곡」은 안 된다는 것인데, 국가보훈처가 제시하는 궁색한 이유와 근거는 언급할 가치조차 없다. 더 근본적으로 국가 폭력의 당사자가 국가 기념식의 주체로서 등장해 처신하는 것에 대한 비판적 성찰이 필요하다. 국가가 5·18 기념식에서 해야 할 일은 기념식의 주체가 되는 것이 결코 아니다. 국가(보훈처)는 제창곡을 허용할 것인가 말 것인가에 대한 권한조차 가질 필요가 없다. 국가가 해야 할 일은 역사 앞에 무릎을 꿇고 사죄하는 것이다. 국가가 절대 다시는 이런 불행의 원인이 되어서는 안 되고, 국가 폭력의 주체가 되어서도 안 된다는 결의를 다지고 또 다지는 것이다. 굳이 국가 기념식으로 명명하는 이유가 있다면 그것이 아니겠는가. 5·18 국가 기념식이 광주 시민들과 세상의 모든 폭력을 거부했던 이들이 서로 한데 어울리고 주체가 되어 인간의 존엄성과 정의를 위해 싸우고 죽어 갔던 이들의 삶을 기리는 기념식이 되도록 하는 것이 국가가 할 일이라면 할 일이다. 그렇지 않고서는 5·18 광주의 숭고한 역사에 대한 진정한 기념은 존재하지 않을 것이다.

5·18의 영성화?

5·18과 관련해 우리 교회는 '5·18의 영성화'를 줄기차게 언급해 왔다. 말이야 얼마나 멋지고, 역사와 영성의 결합이니 또 얼마나 근사한가. 정말이지 그렇게 되기를 바랄만하다. 그러나 이 말의 실제는 공허하고 뿌리가 없는 듯이 보인다. 우리 교회가 5·18의 정신을 어떻게 이해하고 있으며, 또 그 정신을 교회적 실천 안에서 어떻게 구체화하고 있는지를 들여다보면 그렇다는 말이다. 사람들은 말한다. 5·18이 광주에 머물지 말고 세계화되어야 한다고, 5·18은 광주만이 독점할 수 있는 역사가 되어서는 안 된다고. 옳은 말이다. 그런데 광주의 소리를 귀 기울여 듣고, 여전히 그때의 고통 속에 사는 사람들의 삶을 바라보는 데는 참으로 인색하다.

교회도 그렇다. 5·18 영성화는 기초부터 다시 시작되어야 한다. 인간이기 위해서, 참인간으로 살기 위해서 총칼마저 두려워하지 않고, 죽음조차 가로막지 못했던 자유의 행진을 아름답게 내디뎠던 사람들의 삶을 먼저 바라보고, 그들의 소리에 먼저 귀 기울이고, 그들의 희생에 감사하는 일이 먼저다. 이것은 바로 세상 곳곳에서 고통을 겪고 또 아름다운 참인간의 삶을 위해서 투신하는 세상 사람들과 어깨를 걸고 함께 걷는 길이기도 하다.

사람다운 길을 걸으셨던 분들이 삶으로 쓰셨던 1980년 5월, 그날부터 우리는 언제나 눈부시고 푸른 5월을 맞이하게 되었으니 어찌 감사하지 않겠는가. 5월의 역사 앞에 몸을 낮추지 못하는 세상 사람들의 그 어떤 일그러진 시도도, 세상 곳곳에서 반복되는 고통의 역사도 눈부시게 아름다운 사람다움으로 빚어낸 5월의 햇살을 압도할 수 없다는 것을 믿기에 더욱 그렇다.

『기쁨과 희망』, 2016년

교회는 지금 몇 시인가?
: 뮤지컬 〈오월의 신부〉가 교회에 던지는 메시지

2005년 5·18 광주민주화운동 25주년을 기념해 공연된 뮤지컬 〈오월의 신부〉—황지우 작, 이윤택 연출—는 1980년 5월 15일부터 5월 27일 새벽, 도청에서의 최후의 항전까지의 과정을 밀도 있게 다룬 작품이다.

이 작품은 25년 전 5월 광주의 역사적 사건을 단순히 회고적으로 보여 주는 데 관심이 있는 것이 아니라 그때의 역사를 통해서 오늘의 우리와 소통하고 싶은 것이다. 때문에 이 작품의 두드러진 묘미는 극적 구성과 전개를 통해서 관객석에 구경꾼으로 앉아 있는 오늘의 관객들을 관객석으로부터 그때의 역사 현장으로 끌어들일 뿐 아니라 오늘의 역사에 적극적으로 참여시킨다는 데 있다.

또 하나 매우 흥미로운 것은 이 뮤지컬 속에 계엄군 혹은 잔인한 폭력의 구체적 실체가 언급되고 있지만 구체적 인물로 형상화되어 나타나지 않는다는 것이다. 나는 이것이 아직 완전히 규명되지 않은 책임자들을 마치 산수화의 여백과 같은 방식으로 드러내면서(!) 그들의 역사적 실체와 숨음을 추궁하고 있다고 읽는다.

무대는 배우들만의 공간이 아니다. 관객석은 또 하나의 무대다. 관객은 예정되지 않은 배우들이면서 동시에 역사 속의 존재로 등장한다. 연출가는 관객을 참여시킴으로써 '그때'와 '오늘'이라는 서로 다른 시간의 역사적 지류를 하나의 역사의 강으로 합류시킨다. 관객은 무대에 드러나지 않은 실체가 되어 때로는 도전을 받기도 하고, 때로는 응답해야 하고, 때로는 선택과 결정의 갈등을 겪으면서 역사와 소통해야 한다.

관객석 속의 우리 교회는 80년 5월 광주와의 역사적 소통을 어떻게 할 것인가. 이를 〈오월의 신부〉가 던지는 메시지 속에서 읽어 본다.

"우리들 곁에 있어 주세요!"
: 역사 속에 현존하는 교회

〈오월의 신부〉는 교회가 탄력을 잃고 움직일 줄 모르는 붙박이와도 같은 교회일 수는 없는 것이라고 말한다. 교회는 사람들 곁에, 특히 고통당하는 이들 곁에 역동적으로 '현존'해야 한다는 것이다. 이는 교회에 대한 5월 광주의 역사적 요청이기도 하지만 우리 교회 역시 자신을 역사 안에서의 역동적 현존으로 이해하고 있다는 것을 기억해야 할 필요가 있다. 즉 교회의 역사적 현존의 장소는 다름 아닌 바로 "기쁨과 희망, 슬픔과 고뇌, 현대인들 특히 가난하고 고통받는 모든 사람"(사목 헌장 「기쁨과 희망」, 1항)과 함께 존재하는 곳이다. 이것이 〈오월의 신부〉가 새롭게 일깨워 주는 교회의 존재 방식이다. "가난하고 고통받는 사람들 가운데서 자기 창립자의 가난하고 고통받는 모습을 알아보고 (…) 그들 안에서 그리스도를 섬기"(교회헌장 「인류의 빛」, 8항)는 교회의 모습은 교회가 어느 시대를 살든지 결코 망각할 수 없는 것이다. 또한 교회의 현존은 그리스도의 사건을 역사 안에서 생생하게 증거할 때 비로소 투명하게 된다.

"우리의 피도 깨끗해요!"
: 속(俗)의 성스러움 혹은 육화

 오월의 피가 강을 이루고 사람들의 피가 마를 때 황금동 아가씨들은 고단한 삶 때문에 타들어 가는 자신들의 피마저도 기꺼이 내어주었다. 〈오월의 신부〉 속에서 황금동 아가씨들이 병원에 헌혈을 하러 왔을 때 사제는 "저 사람들의 피는 다른데…" 하면서 의아해한다. 그러자 그녀들은 "우리의 피도 깨끗해요!"라고 항변한다.
 우리 교회는 속세에 살면서도 스스로 거룩함을 자처하면서 곧 잘 속세를 탄식한다. 하느님의 육화, 즉 '속세'에 들어오시어 '인간의 몸'을 지니신 하느님에 대한 선포는 여전히 교리 책 속에 갇혀 있는 까다로운 교리일 뿐이라고 〈오월의 신부〉는 말하는 듯하다.

속(俗)은 글자 그대로 '사람의 깊숙한 곳'이다. 이 깊숙한 곳에 하느님의 모상이 들어 있다는 것을 깨닫게 해 준 분이 바로 하느님 자신이시다. 몸소 인간이 되시고 세상 깊숙한 곳에 오시어(요한 1,14 참조) 바로 거기로부터 삶(생명)의 물길을 터놓으신 분이 아니시던가. 교회가 인간 삶의 깊은 곳에 새겨 주신(하느님의 모상) 태초의 하느님의 창조를 읽지 못하고 또 인간의 역사 안에서 하느님의 말씀(사랑)을 통해 지속되는 새 창조를 알아보지 못한다면 오늘날 우리에게 선포되는 하느님의 구원을 어찌 알아들을 수 있겠는가.

"우리를 잊지 말아주세요!"
혹은 "나를 기억하여 이를 행하여라"
: 역사와의 소통으로써 기억과 현재화

1980년 5월 27일 새벽은 최후의 저항군들에게 "마지막 운명의 쓴잔을 마시는 시간"(마르 14,33-36 참조)이었음은 두말할 나위가 없다. 시간을 깨는 외침, "광주 시민 여러분, 계엄군들이 쳐들어오고 있습니다. 사람들이 다 죽습니다!"는 "나의 하느님, 나의 하느님,

어찌하여 나를 버리시나이까?"(마르 15,34)라는 그리스도 최후의 외침과 더불어 침묵하는 새벽 속으로 사라졌다.

  도청에서의 최후의 항전이 있기 전, 익명의 시민군들은 서로에게, 아니 세상에 비로소 '나를 나—주체적 존재—로' 드러낸다—"내 이름은 ○○○이며 어디에서 왔고…." 어쩌면 그들은 세상에서 단 한 번도 자신의 이름을 떳떳하고 자신 있게 드러낼 수 없었는지도 모른다. '주민등록번호'는 역사 안에 존재했던 그들의 징표이며 우리에겐 기억의 징표이다. 또 한편 살아서나 죽어서나 여전히 이름조차 알려지지 않는 사람들도 많다—이는 마치 바오로 사도가 예수님의 최후의 만찬을 상기시키면서 사람들에게 "이 빵을 먹고 이 잔을 마실 때마다 주님의 죽으심을 선포하고, 이것을 주님께서 다시 오실 때까지 하십시오."(1고린 11,26) 라고 전하는 장면과도 같다.

  역사의 얼굴은 오늘의 기억 속에서 비로소 자신의 형상을 드러낸다. 기억은 단순히 과거에 대한 회고가 아니며 현재 안에서의 증거이며 행위다. 〈오월의 신부〉는 우리 교회가 역사의 강을 흐르는 기억을 통해 하느님의 현존을 오늘의 시간 속에서 증거해야 함을 다시금 일깨워 준다. 교회는 예수 그리스도 역사의 모태로부터 나온 결정체라는 점, 이것이 교회가 역사와 끊임없이 소통해야 하는 근본 이유다.

사목, 2005년 3월호

공동체의 위기와 치유

최근 한 달 사이에 우리 사회와 공동체의 위기를 극명하게 보여 주는 사건들이 잇달아 발생했습니다.

지난달 의정부에서는 30대 남성이 전철역에서 무차별적으로 휘두른 칼에 8명이 다쳤습니다(8월 18일). 수원에서는 술에 취한 30대 후반의 남성이 흉기 난동을 벌여 5명의 사상자를 낸 사건도 있었습니다(8월 21일). 여의도에서는 30대 청년이 휘두른 분노의 칼에 무고한 옛 직장 동료들과 시민들이 상해를 입었습니다(8월 22일). 그리고 나주에서는 20대 청년이 초등학교 1학년 여자 어린이를 납치해 성폭력을 저지른 끔찍한 사건이 있었습니다(8월 30일).

이 사건들은 우리나라 곳곳을 휩쓸고 지나간 태풍만큼이나 우리 사회에 큰 시름을 남겨 주었습니다. 졸지에 피해를 당한 당사자들과 가족들은 망연자실할 일이지만, 특히 피해를 입은 어린이가 겪고 있을 고통은 상상조차 하기 어려울 것입니다.

이미 사건들이 발생한 시간 그 이전으로 되돌려 놓는다는 것은 불가능하지만, 되돌릴 수만 있다면 그리하고 싶은 심정만큼은 가해자와 피해자 모두 똑같지 않을까 싶습니다. 이 사건들을 바라보는 저 역시 그랬습니다.

사실 이런 흉악한 일들이 일어나기 전까지는 가해자들 역시 우리 사회의 구성원이었습니다. 가해자들은 범죄자이기 전에 어떤 부모의 자식이었고, 어떤 이들의 친구였고, 우리들의 이웃이었습니다. 그런데 왜 그들은 평화로운 일상을 살아가던 사람들에게 씻어내기 어려운 고통을 안겨 주는 험한 일을 벌여야만 했을까요? 또 아직 살아갈 날들이 많은 젊은이들인 가해자들에게는 그동안 도대체 무슨 일이 있었던 것일까요?

신용 불량자이거나 일용직 노동자의 삶을 살아온 가해자들은 우리 사회에 속해 있으나, 우리 사회 밖 고립된 그들만의 세계에서 분노로 가득 차 있거나 불안정한 삶을 살았습니다. 가정과 이웃, 사회의 따뜻함을 더 이상 느낄 수 없어 자기들만의 고립된 세계 속에서 마침내 몸도 마음도 생각도 창백하게 말라 버린 이들에게 과연 삶은 어떤 의미가 있었을까요? 그런 젊은이들이 의정부, 수원, 여의도, 나주만이 아니라 대한민국 곳곳에서 마치 누구도 환대해 주지 않는 이방의 세계에서 망명자처럼 살고 있는 것은 아닐까요? 꿈도 희망도 내일도 없는 이방의 세계에서 그들의 삶은 이미 죽어 있었던 것은 아닐까요? 우리는 범죄 때문에 가해자들을 다시 우리 사회로부터 분리시킬 것이지만, 그들은 이미 오래전에 존재감을 잃고 우리 사회로부터 멀리 떨어져 살고 있었습니다.

가해자들의 범죄가 아무리 흉악하다 해도, 그들을 법으로 마땅하게 처벌한다 해도, 우리 사회 전체가 직면해야 할 문제는 남아 있습니다. 그것은 우리 사회에 더 이상 사회적 낙오자를 위한 자리가 없다는 것입니다. 우리가 그들을 단지 괴물들로 여기고 우리 세계 밖으로 내쫓는 일로서만 할 일을 다 했다고 여긴다면 우리 사회에는 희망이 없습니다. 가정 공동체가 다시 따뜻한 꿈과 희망의 세계로 회복되지 않고서는, 우리 사회가 더불어 사는 공동체로 재구성되지 않고서는 우리 삶의 미래는 결코 밝지 않을 것입니다.

한편, 우리 대한민국에서 공동체의 위기를 보여 주는 흉악한 일들이 다만 그뿐입니까? 국정을 책임진 자들이 국가 권력으로 민간인을 불법 사찰하고, 공권력으로 자국민을 상대로 폭력을 자행했던 용산 참사나 쌍용차 사태는 과연 덜 흉악한 일일까요? 자본을 쥐고 있는 경제 권력자들이 검찰, 법원, 관료, 교육계를 가리지 않고 오염시키고, 노동자들의 삶을 파괴하는 일들은 과연 덜 고약한 것일까요? 분명한 것은, 흉악한 범죄자들의 세계나 못된 국가 권력 및 자본 권력이 다스리는 세계 모두 어둡고, 공동체를 위기에 빠뜨린다는 점에서는 서로 다르지 않다는 것입니다.

아무튼 최근에 벌어진 일련의 우울한 사건들은 우리 사회의 공감 능력과 치유 능력을 재점검해야 한다는 신호입니다. 물론 이 치유는 요즈음 유행하는 한 개인의 관점변화나 생각의 변화를 통한 치유만을 의미하는 것은 아닙니다. 엄밀한 의미에서 사회공동체의 변화 없이 개인의 변화는 낙타가 바늘귀를 빠져나가는 것만큼이나 현실적으로 어렵기 때문입니다. 개인과 사회공동체의 변화는 근본적으로 관계의 따뜻함과 사람다움을 배우는 품을 잃어버린 가정 공동체가 치유되고, 사적 소유물이 된 국가 권력과 인간과 노동의 존엄성을 훼손하는 경제 권력이 더불어 사는 공동체를 위한 방향으로 치유될 때 비로소 가능하고, 우리 사회는 치유의 공동체를 이루어 갈 수 있을 것입니다.

광주평화방송, 2012년 9월 4일

대학은 누구를 위해 존재하는가?

 지난해, 고려대 김예슬 학생이 '대학거부선언'[4]을 하고 학교를 자퇴하면서 남긴 말은 대학과 우리 사회에 큰 반향을 일으켰습니다. "큰 배움도 큰 물음도 없는 대학(大學)없는 대학에서, 나는 누구인지, 왜 사는지, 무엇이 진리인지 물을 수 없었다."라는 말은 그러나 미처 대학과 우리 사회의 물음으로 생성되지는 못했습니다. 최근에 또 다른 학생들이 연이은 자퇴 선언[5]으로 물음을 잃어버린 대학과 사회를 향해 재차 '사람은 무엇으로 살고, 과연 내일은 오는 것인가' 하고 묻지만 그저 묵묵부답입니다.

---

4) 김예슬, 「[전문] 김예슬 고려대 자퇴, 대학거부 선언문」, 나눔문화, 2010년 3월 12일, https://www.nanum.com/site/act_manifesto/36564
5) 이충신, 「"학벌사회 거부하러 자퇴" 어느 서울대생의 '선택'」, 『한겨레』, 2011년 10월 14일, https://www.hani.co.kr/arti/society/society_general/500840.html?utm_source=copy&utm_medium=copy&utm_campaign=btn_share&utm_content=20251004
정은비, 「연세대 장혜영 씨 '공개 이별선언문' 전문」, 『머니투데이』, 2011년 11월 17일, https://www.mt.co.kr/society/2011/11/17/2011111716393632208

그사이 대학생들은 왜 그렇게 비싼 등록금을 대학에 지불해야 하는지도 모른 채, 등록금을 충당하기 위해 학교나 도서관을 떠나 알바 현장에서 값싼 노동을 해야 합니다. 대학생 2명 중 1명꼴로 취업을 위해 각종 사교육을 받고, 한 해 사교육비로 무려 279만 원을 지출합니다.[6] 경제적인 이유로 아예 학교를 휴학하는 학생들도 대학생 전체의 30%에 이르고, 휴학한 학생들이 학교에 다시 돌아오는 비율은 16%에 불과합니다. 사정이 이러하니 로또 당첨이 꿈이 된 학생이 나오는 것도 그리 놀랄 일은 아닙니다.[7]

한편, 대학은 마치 아무런 일도 없었다는 듯이 대학평가라는 우상에 대학의 지성과 영혼을 헌납하는 데 분주합니다. 박재완 기획재정부 장관은 고용노동부 장관 재직시절에 "청년 실업률이 높은 것은 대학에서 문학·사학·철학이 과잉 공급됐기 때문"[8]이라고 했는데, 이는 다만 그만의 생각이 아니라 대학을 움직이는 사람들의 시각을 대변하는 것이기도 합니다. 그러나 이런 시각의 근본 문제는 아이러니하게도 전혀 실용적이지 못하다는 데 있습니다. 인문학은 인간 행위의 합리성과 타당성을 묻고, 가치 판단 기

---

6) 조기원, "대학생 취업 사교육비 279만 원", 한겨레 2011년 12월 5일. https://www.hani.co.kr/economy_general/508710
7) 이정국, "청년의 꿈, 열정? 그런 소리만 들어도 화가 납니다. 돈 때문에 대학 떠나는 학생들", 한겨레 2011년 12월 8일, https://www.hani.co.kr/arti/opinion/column/509254
8) 김종목, "'문사철이 밥 먹여 주나'라니", 경향신문 2011년 5월 4일, https://weekly.khan.co.kr/article/201105041655311

준, 선택과 결정의 근거를 제시함으로써 그 실용성을 언제나 입증해 왔기 때문입니다.

대학이 세상에서 그 이름을 처음으로 얻기 시작한 때부터 결코 지식 그 자체만을 위한 상아탑이었던 적이 없었고, 또 사회적 필요와 실용적, 실천적 원리에 따라 교육이 이루어졌다는 것은,[9] 오늘날 대학의 존재 이유와 관련해서도 무시되거나 비지성적인 것으로 비난받을 만한 것이 아닙니다. 대학은 수요자인 개별 학생들과 사회를 위해서 개인의 자아실현, 사회와 인류의 현실적 진보 등 실질적인 이익을 제공할 수 있어야 하기 때문입니다(피히테, '학자의 사명에 관한 몇 차례의 강의', 특히 네 번째 강의 참조).

이런 의미에서 오늘의 대학 위기는 대학이 누구를 위해서, 무엇을 위해서 실용적이어야 하는가에 대한 물음에 설득력 있는 응답을 제시하지 못한다는 데 있습니다. 설령 대학에서 실용성에 대한 물음이 있다 하더라도, 김예슬 학생이 제기했던 것처럼, 어떻게 "글로벌 자본과 대기업에 가장 효율적으로 '부품'을 공급"할 것인가 하는 물음으로 제한되거나, 인간을 생산을 위한 도구로 양성하기 위한 물음에만 몰입해 있기 때문입니다. 이것이 오늘날 우리 대학과 사회가 말하는 이른바 '지식 사회'의 실체입니다. 이 지식

---

9) 나이젤 비거, 「대학은 무엇 때문에 있는가」, 『녹색평론』 통권 제114호, 2010년 9-10월호.

사회에서 대학은 그저 생산을 위한 효율적인 노동력을 제공하는 기관으로 전락하고, 인간의 인격은 기술에 종속되고, 정신적인 것은 물질적인 것에, 존재의 질서는 소유의 질서에 종속되는 결과를 낳고 있을 뿐입니다(교황 요한 바오로 2세, 'Ex Corde Ecclesiae'[가톨릭 대학에 대한 사도헌장: 1990년 8월 15일] 참조). 이제 우리 대학과 사회는 '인격 없는 교육'을 일곱 가지 사회악 중의 하나로 여긴 간디의 말을 다시금 곰곰이 되새겨 보아야 할 때입니다. 지혜와 삶의 윤리, 진리가 결여된 지식은 지식 사회를 위협하는 가장 큰 적이 될 것이기 때문입니다.

광주평화방송, 2011년 12월 12일

청춘을 아프게 하는 사회

　청년들의 삶에 대해서 말하는 것은 어느 시대에나 썩 간단치 않은 것이긴 했지만, 오늘을 사는 청년들의 삶에 대해서 말하는 것은 더욱 어려워 보입니다. 그만큼 청년들이 처한 개인적, 사회적 현실이 녹록지 않고, 그들의 다채로운 사유 세계와 이해 지평, 행동 양식을 섣불리 몇 가지 개념과 특성만으로 다 말할 수는 없기 때문일 것입니다. 그리고 청년들에게 건네는 기성세대들의 위로와 공감의 말도 때때로 자신의 것으로 삼을 수 없을 정도로 많은 청년들의 현실은 궁핍하며, 마치 청년들의 푸른 가능성과 도전이 언젠가는 꿈의 세계를 현실 속에서 붙잡을 수 있는 것인 양 말하는 청춘 예찬 또한 실제로는 공허하기 일쑤입니다. 그러나 청년들이 지닌 삶의 고민과 문제들은 순전히 그들만의 것이 아니며, 누구나 그로부터 자유로울 수 없다는 것은 분명합니다.

　먼저 청년들이 날마다 겪고 체험하는 반칙과 편법, 학벌 서열,

부모들의 소득 수준에 따른 교육 기회의 불평등,[10] 사회적 약자들에게 불리한 경쟁의 법칙 등이 지배하는 불공정하고 정의롭지 못한 사회는 그만큼 기성세대들의 한계라는 통렬한 성찰이 있어야 할 것입니다. "아프니까 청춘이다"가 아니라 청춘을 아프게 한 우리 사회의 냉혹한 현실을 고백해야 할 것입니다. 그리고 그 냉혹한 현실 속에서 삶의 불안을 그림자처럼 안고 사는 청년들의 삶을 바라볼 필요가 있습니다. 또한 계층 상승의 기회가 낮거나 없음에 좌절하고, 실패하면 더 이상 일어서기 어렵다는 청년들의 절망에 귀 기울여야 합니다. 특히 20대 청년들 중에서 59.9%가 취업 문제와 주거 문제, 불안정한 고용 환경에 대한 깊은 불안을 안고 살아가고 있습니다. 불안정하고 예측 불가능한 미래에 대한 불안감 역시 청년들의 삶을 어둡게 하고 있습니다.

이런 현실에도 불구하고 청년들이 빈곤 및 경제적 양극화 해소, 복지 확대 등 국가 정책과 현실 정치의 변화에 대한 욕구를 지녔다고 하는 점에서 다행스러운 점이 없지 않습니다. 따라서 이에 대한 국가와 현실 정치의 응답을 다양한 방식으로 이끌어 내는 것은 반드시 필요한 일일 것입니다. 그럼에도 '돈 있고 힘 있는 사람들이 항상 이긴다'는 절망, '국가나 사회에 기대하는 것보다 내

---

10) 신하영, "'가난하면 성적도 낮다' 확인", 한국대학신문 2012년 2월 3일, https://news.unn.net/news/articleView.html/?!dxne=106939

가 바뀌는 것이 더 빠르다'는 냉소, 자신과 부모의 무능에 대한 비난 역시 청년들의 삶 한가운데 자리 잡고 있다는 점을 지나칠 수 없습니다.

한 사회가 청년들을 진정으로 위로하는 길은 심리적인 처방전을 내놓고 자기 계발 서적들을 산더미처럼 쏟아 놓는 데 있지는 않을 것입니다. 왜냐하면 청년 개개인의 심리적 처방과 자기 계발 역시 한 사회의 구조적 맥락 속에서만 비로소 공허하지 않은 의미를 지닐 수 있기 때문입니다. 달리 말하자면 청춘 그 자체가 아픈 것이라고 시선을 단순화시키는 것이 아니라 공정하지 않고 정의롭지 못한 우리 사회가 청춘들을 아프게 하고 있다는 엄연한 현실을 직시해야 합니다.

이와 같은 관점에서 교회 역시 청년들을 마치 오늘의 사회 현실을 살고 있지 않는 영적 투명 인간처럼 바라보는 시선을 교정해야 할 필요가 있을 것입니다. 청년을 바라보는 교회의 시선은 교회 안 청년이 곧 교회 밖 세상에 발 딛고 사는 청년이라는 점에 주목해야 합니다. 교회 안 청년들의 빈자리를 탓하기 전에, 교회가 청년들의 삶에 과연 어떤 관심을 쏟고 있고, 그들을 위한 관심이 과연 어떻게 표현되고 있는 것인지를 깊게 성찰해야 하는 것은 바로 그런 까닭입니다.

광주평화방송, 2012년 3월 5일

세상을 향해
소리 없이 울부짖는 사람들

언젠가부터 한국 사회는 삶뿐만 아니라 죽음 또한 어둡고 황량해진 사람들의 현실을 바라보면서도 더 이상 놀라지 않게 되었습니다. 사람들의 삶과 죽음을, 우리의 측은지심의 감각을 흔들어 놓을 만큼 특별한 일이 아닌 것으로 여기는 데 익숙해졌기에 그럴지도 모를 일입니다. 어쩌면 모두가 저항력을 잃어버린 일상과 감각 없는 슬픔에 묻혀 있어 마땅한 출구를 찾지 못하기 때문이기도 할 것입니다.

그러는 사이에도 아직 앳된 학생에서부터 어르신들에 이르기까지 많은 이들이 차마 세상을 향해서도, 하늘을 향해서도 울부짖지 못하는 죽음 같은 삶을 꼭꼭 숨기고 살아가고 있습니다.

최근 발표된 보건복지부의 2011년도 정신 질환 실태 조사 결과[11]에 따르면, 성인 10명 중 3명 정도는 평생 한 번 이상 우울증을 비

---

11) 보건복지부, 『2011년도 정신질환실태 역학조사 보고서』, 2012년 4월

롯해 불안 장애와 같은 정신 질환을 경험했다고 합니다. 18세 이상 성인 중에서 10명 중 1명 정도는 최근 1년간 한 번 이상 정신 질환을 경험했습니다. 또한 성인의 15.6%는 평생 한 번 이상 심각하게 자살을 생각한 바 있으며, 지난 1년간 자살을 시도한 사람은 10만 8천여 명으로 추산되고 있습니다. 그러나 이들 중에 실제로 상담이나 치료 등과 같은 정신 의료 서비스를 받은 비율은 15.3%에 불과하고 나머지는 거의 방치된 상태로 놓여 있다고 해도 과언이 아닙니다. 아울러 우리가 눈여겨보아야 할 것은 치료를 필요로 하는 심각한 우울증이 2006년 조사 결과에 비해 증가 추세이며, 일반적으로 선진국에서 이런 과정을 겪은 것으로 알려져 있습니다. 특히 40대, 60대 여성 및 20대 남녀 중에서 우울증이 증가했고, 취업하지 못한 상태나 부분제 취업 상태에서 우울증이 더 많이 나타나거나 낮은 경제 수준, 이를테면 월수입이 200만 원 미만의 저소득 계층에서 우울증 위험률이 더 높고, 그런 만큼 경제 상황이 좋아지면 우울증 발병도 낮아진다고 합니다.

보건복지부의 조사 결과만을 놓고 보면 정신 질환의 발병 동기, 정신 질환의 사회경제적 관련성 및 정신 환경 요인 등을 통합적이고 엄밀하게 파악하기는 어렵지만 우리 사회는 물론이고 교회 또한 이 조사 결과를 좀 더 섬세하고 다각도로 살펴보는 것은 매우 시급한 일입니다.

아무튼 수많은 사람들의 소리 없는 울부짖음이 한국 사회 곳곳에서 파장을 일으키고 있지만 여전히 우리는 그 소리에 민감하지 못할뿐더러 심지어는 죽음과도 같은 삶을 배제하는 경쟁에 골몰해 있다는 것도 부인할 수 없을 것입니다. 15세에서 24세의 청소년들이 성적과 진학, 취업 문제, 외로움과 고독, 경제적 어려움 때문에 소리 없이 울부짖고 스러져 가도,[12] 대학생들 중에서도 매년 230여 명(2001~2009년)이 생활고와 학업성적, 학자금 부담 등 갖가지 이유로 세상에서 흔적 없이 사라진다 해도, 남녀노소, 사회계층을 막론하고 매일 42명 이상이 막다른 세상의 골목에서 힘없이 주저앉는 일이 일상적으로 일어난다 해도 꿈쩍도 할 줄 모르는 돌심장의 사회가 치닫는 곳은 결국 비인간적인 동물의 세계(Homo homini lupus)이며, 저마다 고립된 섬에 갇혀 있는 삶일 것입니다. 우리나라의 경우, OECD(경제협력개발기구)가 발표한 행복지수 중에서 "어려움에 처했을 때 도움을 받을 수 있는 친척, 친구, 이웃이 있다."라고 응답한 비율이 선진국 평균보다 크게 낮아 공동체 결속력이 취약하다는 점은 이를 잘 반증해 주고 있습니다.[13]

오로지 공부, 성적, 성과, 경쟁이라는 잣대만으로 사람과 삶을 평가하는 세상을 우리는 바꿀 수 있습니다. 실패를 기꺼이 허용하

---

12) (통계청, 「2011년 청소년 통계」 참조. 청소년사망원인 1위가 자살임)
13) 송태정, "행복은 GDP 순이 아니잖아요", 한겨레 2011년 12월 18일, https://www.hani.co.kr/arti/economy_general/510698

는 사회를 구성할 수 있습니다. 꼭꼭 숨어 있는 삶의 아픈 소리를 서로 귀 기울여 들을 수 있는 세상을 형성할 수 있습니다. 더 많은 부, 더 많은 경쟁력, 더 많은 소득이 반드시 삶의 행복과 참된 인간화로 귀결되지 않는다는 것도 분명합니다. 결국 근본적인 문제는, 우리 사회와 세상 곳곳에서 진정한 인간화가 이루어지도록 소유가 아니라 존재의 시선으로 바라보고 지혜를 투명하게 밝히는 일입니다. 세상을 더 나은 인간의 세상으로 바꾸는 힘은 언제나 인간 존재를 드높이는 시선과 지혜로부터 나왔기 때문입니다.

광주평화방송, 2012년 2월 20일

더 많은 '진주녀'를 위해

한국 사회에서 주체적인 인간이 되고, 주체적인 인간으로 살기는 참으로 어렵습니다. 모태에서부터 부모의 뜻에 따라 태중 영어 교육을 받고 자라며, 태어나서는 끊임없는 경쟁 속에서 오로지 살아남는 법을 배워야 하기 때문일 것입니다. 가정과 학교에서 주체적인 인간을 위한 교육이 없고, 주체적인 삶을 위한 사회적, 철학적 토양이 척박하다는 점 또한 간과할 수 없을 것입니다.

이런 현실에서 『한겨레』의 20대 여성들에 대한 기사[14]는 큰 흥미를 끄는 것이었습니다. 이른바 20대 '진주녀'에 관한 것이었습니다. 진주녀는 '진취적이고 주체적인 20대 여성' 혹은 '기존 관념에 얽매이지 않고 꿈을 좇아 자신을 삶을 개척하는 20대 여성'을 뜻

---

14) 김경욱, 「20대 '진주녀', 발랄한 상상력으로 대안적 삶을 개척한다」, 『한겨레』, 2013년 5월 12일, https://www.hani.co.kr/arti/society/society_general/587100.html?utm_source=copy&utm_medium=copy&utm_campaign=btn_share&utm_content=20251004

합니다. 스물두 살 난 한 여성은 "무난한 삶을 살 수 있다는 것 외에 대학에 가야할 이유를 찾지 못해서" 대학에 진학하지 않고 대학 밖 세상 속 연구 공동체에서 세상과 사람들의 삶을 배웠고, 제주도 여행길에 전쟁터 같은 강정마을의 삶에 충격을 받아 그길로 제주 해군 기지 건설에 반대하는 평화 지킴이로 나섰습니다. 20대 후반인 한 여성은 식물병리학 분야에서 석사 논문을 쓰던 중 만난 늙은 농부들의 힘든 노동을 보고 스스로 농부가 되어 노인들이 힘들이지 않고 농사지을 수 있는 법을 고민하던 중 마침내 고사리 재배법을 터득했습니다. 또 고등학교를 자퇴하고 남들보다 3년이나 늦게 대학에 입학했던 어떤 20대 후반의 여성은, 취업을 해야 할 때 그에 아랑곳없이 "죽기 전에 꼭 한번 가 보고 싶었다."라는 멕시코를 2년 동안 여행한 후, 현재는 공정여행협동조합에서 여행 관련 일을 하고 있습니다.

이 20대 여성들의 삶의 공통점은 세상의 통념에 따르지 않고 자신의 뜻을 분명하게 세우고, 자신만의 고유한 삶을 찾아 나섰다는 점일 것입니다. 또한 이 여성들의 강건한 주체성은 자신 속에만 폐쇄적으로 갇혀 있지 않고 기꺼이 자신의 삶을 타인을 향해 열어 놓고, 타인과 더불어 사는 법을 익혔다는 점입니다. 이는 곧 인간의 진정한 주체성은 타인과의 관계 맺음이 없이 결코 이루어지지 않고, 또 고립된 개인의 섬을 구축하는 것으로는 도달할 수 없다는 것을 보여 주는 것이라 할 수 있습니다. 달리 말하자면 인간의 주체성은 타인과의 관계 맺음을 통해 시작되고 타인과의 관계를 향해 표현될 때 비로소 진정한 주체성의 이름을 얻게 된다는 것입니다.

이 20대 여성들이 진주녀가 될 수 있었던 사회문화적 배경에 대해서도 유념할 만합니다. 90년대 중반에 개성과 자율성을 강조한 열린 교육, 남성들의 가부장적인 성 역할 의식과는 다른 20대 여성들의 자유로운 생각, 미군 장갑차에 치어 사망한 효순이, 미선이를 위한 촛불 집회나 미국산 쇠고기 수입 반대를 위한 촛불 시위 등 세상의 광장에서 배운 사회의식 등이 그런 예들입니다. 이것은 곧 한 인간의 주체적인 삶을 위해서는 그 사회의 교육적, 철학적, 사회문화적, 정치 경제적 토양이 정의롭고 공정하며 평등해야 한다는 것으로 알아들을 수 있을 것입니다.

우리가 20대 진주녀들의 대안적이고 주체적인 삶을 어떤 특별난 여성들만이 선택할 수 있는 삶으로 여기는 것으로 그친다면 우리 사회의 미래는 암울할 것이며, 인간의 주체적인 삶에 대한 성찰은 빈곤해질 것입니다. 오히려 진주녀들의 삶은 어른들의 세계에서는 물론이고 어린아이들의 세계에 이르기까지 배타적—지역주의, 학벌 등—이고, 차별적—경제, 성별, 연령 별 등—이며, 획일적이고 폭력적인 왕따 문화가 깊이 뿌리내린 한국 사회에 새로운 자극을 줄 것이라 여깁니다.

'88 빅 사이즈' 모델인 스물일곱 살 김지양 씨는 자신이 한국 사회에서 불모지와도 같은 빅 사이즈 모델의 삶을 살게 된 과정을 감동적으로 말합니다. "날씬하고 뚱뚱한 건 머리카락이 길다, 짧다 같은 신체의 특징이에요. 신체의 특징이 '예쁘다', '아름답다' 같은 형용사는 아니거든요. 근데 사람들은 날씬하냐, 뚱뚱하냐만 봐요. 사람들이 그렇게 본다고 자기도 계속 그것만 보면 불행해질 수밖에 없어요. 그걸 벗어났기 때문에 저는 행복하고요." 그러면서 그는 제안합니다. 뚱뚱한 사람들이 쇼핑을 가서 마음에 드는 사이즈가 없으면 왜 너희 회사에서는 만들지 않느냐고, 직원한테든 본사에 전화를 하든, 누리집에 항의를 하든 당당히 따져야 한다고 말입니다.[15] 모든 여성이 사이즈에 관계없이 아름답다고 믿는 빅 사이즈 모델 김지양 씨의 당당함에서 우리 사회의 미래를 본다고 생각하니 흐뭇합니다.

광주평화방송, 2013년 5월 14일

---

15) 김민경, 「165㎝ 88사이즈, "그래 나 모델이다"」, 『한겨레』, 2013년 5월 10일, https://www.hani.co.kr/arti/society/society_general/586920.html?utm_source=copy&utm_medium=copy&utm_campaign=btn_share&utm_content=20251004

주체적인 삶에 대한 성찰

'진주녀' 논란과 주체성에 대한 사유의 부재

『한겨레』가 지난 5월 창간 25주년 기획으로 '2013년 대한민국 진주녀'를 다뤄 논란이 된 적이 있다. 『한겨레』는 '기존 관념에 얽매이지 않고 꿈을 좇아 자신의 삶을 개척하는 진취적이고 주체적인 20대 여성'을 '진주녀'로 명명하고, '발랄하고 대안적인 삶을 개척하는' 20대 여성 네 명을 인터뷰한 기사와 더불어 전국의 20대 남녀 700명을 대상으로 한 설문 조사 결과를 분석해 여성이 남성보다 더 진보적이고, 사회 참여에도 더 적극적이라는 내용의 기사를 실었다.[16]

이 기획 기사들이 나온 후 거센 반감과 비판이 쏟아졌다. 진주

---

16) 김경욱, 「20대 '진주녀', 발랄한 상상력으로 대안적 삶을 개척한다」, 『한겨레』, 2013년 5월 12일, https://www.hani.co.kr/arti/society/society_general/587100.html?utm_source=copy&utm_medium=copy&utm_campaign=btn_share&utm_content=20251004

녀라는 명명이 기존의 여성 차별적이고 비하적인 조어들과 하등 다를 바 없이 '여성을 대상화 혹은 타자화'한다는 비판에서부터 '규범적 젊은 여성상을 내세운 훈계성 캠페인'에 불과한 것이라거나 '오늘의 변화된 삶의 현실과 문제 속에서 새로운 주체들이 어떻게 형성되는지에 대한 인식이 부족한 결과'라는 비판, 그리고 우리 사회의 젊은이들이 처한 강퍅하고 경쟁적 현실을 외면하고 인간의 품성 문제로 환원시킨 것이라는 비판 등 다양하다. 분명 공감할 만한 점이 없지 않다. 그러나 인간과 삶의 주체성에 대한 본격적이고 생산적인 논의의 장으로 옮겨 가지 못하고 일시적인 논란으로 그치고 만 것은 아쉬운 일이다. 『한겨레』의 기획이 적어도 삶의 주체성 문제를 제한적으로나마 건드려 놓았다는 점은 간과할 수 없으며, 무엇보다도 나르시시즘적인 자기 세계로 유폐시키는 힐링의 상품이 넘쳐나는 우리 사회에서 정작 주체적인 삶에 대한 성찰은 그나마 찾아보기 어렵기 때문이다. 이는 어쩌면 우리 사회가 서구와는 달리 주체적 인간과 삶에 대한 사유의 역사가 깊지 않고 그에 대한 성찰의 토양이 척박하다는 데 기인한다고 해도 과언이 아닐 것이다.

이런 형편에서 『한겨레』의 기획이 세상의 통념에 따르지 않고 자신의 고유한 삶을 찾아 나선 몇몇 20대 여성들의 삶을 통해 우리 사회에 주체적인 삶이란 과연 무엇인가 하는 물음을 던졌다는 것만으로도 의미가 있다. 오로지 개인의 역량 강화와 성취만이 거친 세상을 헤쳐 나갈 수 있다는 논리를 삶의 주문처럼 되뇌고, 타자의 고통에 무감각한 우리 사회에 진정한 주체성은 폐쇄되고 단자화한 개인의 세계를 넘어 타자와의 관계 속에서 비로소 형성될 수 있다고 암시한 것을 순전히 얄팍하게만 볼 수는 없기 때문이다.

그리스도인의 주체성

주체적인 사람됨과 삶은 과연 무엇인가 하는 문제는 세상사를 살아가는 데 무익한 잉여의 앎을 추구하는 것에 불과한 것이 아니다. 사적 욕망을 채우는 데 급급한 한 줌의 권력, 곡학아세에 능한 지식의 세계, 빵의 욕망을 장악해 인간의 영혼마저 식민지로 삼은 자본이 춤추는 세상일수록 더욱 요긴한 물음이다. 또한 그 누구도 이 물음을 벗어나서 참으로 사람으로 설 수 없다.

그리스도인의 주체성은 예수 그리스도가 누구인가 하는 물음을 떠나서 생각할 수 없다. 인간 예수는 하느님 아버지의 뜻이 아닌 어떤 특정한 세계 이해 지평이나 민족·인종·성별·학력의 차이, 그리고 혈연·종교·지역·문화·정치·경제의 이해관계에 기반을 두지 않았다. 현실 세계의 그 어떤 통념에도 속박되거나 구속되지 않고 자유로운 분이었다. 하느님 아버지의 뜻은 오로지 인간을 살리시는 것이었다. 가난한 이들에게 기쁜 소식을 전하고, 눈먼 이들을 다시 보게 하며, 억눌린 이들을 해방시키고, 그들을 주체적인 인간으로 호명하는 것이었다(루카 4,18-19 참조). 이는 동시에 예수는 그들과의 만남 속에서—서로 받아들임으로써—자신 역시 비로소 사람이 되고, 주체성을 이루게 되었다는 것을 뜻한다. 달리 말하자면 예수는 타인과의 관계 속에서 참으로 주체적인 인간이 되었고, 해방하는 만남 속에서 예수와 낯선 타인이 '진정한 우리'를 이루었다. 이는 세상의 통념과는 근본적으로 다른 새로운 '우리'의 의미를 보여 준 것이다.

이처럼 그리스도인의 주체성은 하느님과 타인과의 관계를 떠나서 생각하기 어렵다. 특히 오늘날 그리스도인의 주체성은 곤경에 처하고 고통 속에 있는 낯선 사람들의 얼굴을 외면하지 않고, 권력을 자신의 입신출세를 위한 도구로 삼지 않음은 물론 타인을 해방하는 것으로 수행하며, 공정과 정의로서 타인과 관계를 이룬다는 것을 뜻한다고 할 수 있다. 아울러 그리스도인의 주체성은 참말이 없는 세상에서 참다운 말과 생각을 일상의 동반자로 여기는 데서 비로소 이루어진다고 말할 수 있다.

『가톨릭신문』, 2013년 8월 11일

멋진 전문가들의 세계

20년 전쯤 읽었던 레너드 번스타인의 『대답 없는 질문』은 지금까지도 내게 깊은 여운으로 남아 있는 책이다. 음악 이론에 전혀 문외한인 필자가 끙끙대면서도 책의 마지막 장까지 즐겁게 넘길 수 있었던 까닭은 음악을 둘러싼 역사와 문학, 그리고 정신사적 맥락을 두루 꿰뚫어 보는 해박하고 흥미진진한 해석 덕분이기도 했지만, 실은 그의 소통하는 힘 때문이었다. 그때 진정한 대가 내지는 전문가란 끊임없이 자신을 비판적 물음 앞에 세우며, 문외한에게조차 진중하게 말을 건네고 넉넉하게 소통할 수 있는 사람이라고 생각했다.

그런데 오늘날 전문가들의 세계에서 진리의 관점과 보편적인 소통력을 찾아보기란 바닷가 모래알을 세는 것보다 더 어려워진 것 같다. 지식 탐구의 영역이 광범위해진 탓도 있겠지만 앎의 체계가 극도로 분화해 파편화, 상대화, 전문화되었다는 점이 크게 작용했을 것이다. 하여 개별적이고 전문적인 앎이 확대되고 심화되었을지는 모르나 숲 전체를 조망하거나 어떤 사태를 통합적으로 꿰뚫어 보는 안목은 한층 퇴화되었다. 이런 현실이 낳을 수 있는 가장 큰 위험과 부작용은 어쩌면 전문가의 존재 그 자체일 수 있다. 전문가들이 지식 세계를 배타적으로 독점하고 부당한 권력과 어울리면 진리 추구는커녕 최소한 객관적이고 합리적인 소통조차 허용하지 않기 때문이다. 이때 전문성은 얄팍한 자기 과시로 표출되거나 절대적 맹신을 강요하는 수단이 되고, 사유화된 권력에 머리를 굽히기 일쑤이다.

MB 정부 시절 4대 강 사업을 맹렬하게 지지했던 어느 재미 교수는 올해 초, 그와 다른 학문적 입장에 서 있는 학자들의 인격을 터무니없이 비하하다 명예훼손에 걸려 넘어져 법원으로부터 손해 배상 책임을 져야 한다는 판결을 받았다. 게다가 4대 강 사업에 비판하는 이들을 싸잡아 '반정부 좌파'라고 윽박지르는 굴절된 전문성에는 아예 할 말을 잃을 지경이었다. 그의 입장이야 어떻든 비판적 물음을 전문성이라는 이름으로 포장된 폭력으로 제압하려는 우리 사회의 전형적인 비이성을 한 뼘도 넘어서지 못한 것이었다. 2010년에 발생했던 천안함 사건 역시 우리 사회의 합리적 이성과 소통력을 의문시하게 했던 사건의 하나로 기억될 법하다. 정보를 독점한 정부가 사건의 원인을 설득력 있게 해명하려고 하기보다는 합리적 물음조차 불온시하고 정부에 대한 맹목적인 믿음을 강요함으로써 되레 의혹을 증폭시켰다는 것은 그렇다 치고, 그에 대한 의견을 표명할 법한 전문가들이 도통 눈에 띄지 않았던 것은 그 분야 전문 과학자들이 없어서 그런 것이었을까. 혹여 연구비 확보에 영혼이 묶여 진실에 눈감은 것이었다면 그 침묵은 꽤나 값비싼 것이었으리라. 믿음직스럽지 못하다는 점에서는 군부의 전문성도 하등 다를 바 없다. 군사전문가로 자처하는 장수들은 넘쳐나지만 정작 전시 작전 통제권조차 자주적으로 운영할 수 없을 정도이니 군사 주권을 책임진 장수로서의 기개와 명예를 운운하는 것도 민망할 뿐이다. 친일 역사와 군사독재를 미화하고 분단 체제의 꿀맛에 길들어져 있는 지식인들의 세계는 여전히 정신적 식민지 상태를 벗어나지 못한 채 급기야 염치마저 잃어버렸다.

잠시 역사의 시간을 되돌려 예수 시대에 최고 전문가였던 율법학자들에 대한 성경의 증언을 되새겨 보자. 예나 지금이나 굴절된 전문가들의 세계는 근본적으로 다르지 않아 보이기 때문이다. 예수 당시 종교적, 사회적 위치의 정점에 있었던 율법 학자들은 하느님과 율법 해석의 최고 전문가였으나 자기 과시와 사사로운 탐욕의 늪에 깊이 빠져 있었다. 현란한 궤변에 능숙했고, 자유와 해방을 열망하는 사람들의 마음에 '죄인'이라는 대못을 박는 데 거리낌이 없었으며, 인간의 자유를 꽁꽁 묶어 놓고 심지어 하느님마저 폐쇄적인 해석 체계에 가둬 놓았다(특히 마태 23장 참조). 그들이 예수로부터 "온갖 더러운 것으로 가득 차 있는 회칠한 무덤", "독사의 자식들"(마태 23,33)이라는 혹독한 꾸짖음을 들었던 것은 그 때문이었다. 율법학자들은 하느님과 율법의 전문가였음에도 정작 하느님의 음성과 해방과 구원을 갈구하는 사람들의 소리를 알아듣지 못하는 해석 체계에 갇혀 있었던 것이다. 마치 오늘날 예수 그리스도를 아무런 세상의 풍파도 느끼지 못하는 온실의 사유 체계에 가둬 둔 것처럼.

사회가 전문적인 역량을 쌓은 이들에게 전문가라는 이름을 부여하는 까닭은 순전히 자기만족에만 충실하라고 하기 위한 것은 아닐 것이다. 어떠한 부당한 권력과 유혹에도 굴복하지 않고 진리를 추구하며, 무지와 편견 때문에 발생하는 오류의 폐해에서 인간을 해방시키고, 더 나은 인간과 세계를 위한 공적 책임을 수행하라는 보증일 것이다. 그럴 때 전문성은 존중할 만한 것이 될 것이기 때문이다.

『가톨릭신문』 2013년 9월 8일

노동의 위기,
삶의 위기

손님은 왕이 아니라
빌어먹는 사람

　오늘은 이른바 '극한 직업'으로 분류되는 '식당 여성 노동자'에 대한 생각을 나누고자 합니다. 최근 한국여성민우회가 전국 식당 여성 노동자 297명을 대면 설문해 노동 인권 실태 조사 결과를 발표했습니다(2011년 10월 22일). 이에 따르면 식당 여성 노동자 대부분은 하루에 12시간에 이르는 장시간의 노동을 합니다. 시간당 평균 임금은 올해 최저임금인 4,320원에도 미치지 못하는 3,400원에서 4,100원대에 불과합니다. 한 달에 100만 원 정도 되는 셈입니다. 노동에 필수적인 휴식 시간도 주 5일제와는 거리가 멉니다. 한 달에 두 번 쉬는 경우가 24.9%, 세 번이 24.3%, 네 번이 43.4%입니다. 4대 보험 중에 1개 이상 가입한 경우는 35%에 지나지 않습니다. 이처럼 식당에서 일하는 여성들의 직업 환경은 매우 열악합니다. 그런 데다 왕처럼 행세하는 손님들의 무시와 반말(27.3%)은 손님과의 관계에서 가장 힘든 점이라고 합니다(재촉과 작은 벨(24.6%), 맛 타박(17.4%), 서비스 불평(11.8%). 더욱 심각한 것은 손님들의 성희롱(2.2%)까지도 종종 감내해야 한다는 것입니다.[17] 식당에 종사하는 여성들은 장시간의 고된 노동을 한 후에 집에 돌아오면 식사 준비와 청소, 빨래 등 집안일이 기다리고 있습니다. 한국여성정책연구원의 조사(2008년 여성가족패널조사)에 따르면 취업한 기혼 여성의 경우 퇴근 후 하루 3시간 이상의 가사 노동을 합니다.

 이처럼 식당에 종사하는 여성들은 불안정한 노동 환경 속에서 여성의 인간적 존엄성 또한 충분히 보호받지 못하는 현실에 처해 있습니다. 그러나 식당에 종사하는 여성의 노동권과 인격적 존엄성은 어떤 경우라도 침해되거나 약화되어서는 안 될 것입니다. 이와 관련해 다음의 두 가지가 고려되어야 할 것입니다. 우선, 식당에 종사하는 여성들의 노동권이 충분히 인정되고 보호되는 장치가 마련되어야 합니다. 이에 대해 우리 교회는 정당한 임금 체계를 비롯해 가족을 돌보는 것과 같은 여성의 본래의 것을 감안한 노동의 조직, 의료 혜택 및 휴식의 권리를 보장하는 노동 환경에 대한 고려가 이루어져야 한다고 분명히 밝히고 있습니다(노동하는 인간, 19항 참조). 둘째로 노동하는 여성의 인격적 존엄성이 보호되어야 합니다. 노동은 인간 자신을 실현하는 인격적인 행위이며,

---

17) 한국여성민우회, "식당 여성 노동자의 노동인권 실태는 이렇습니다", 2011년 9월 23일, https://womanlink.or.kr/minwoo_actions.?idx=28807310&bmode=view

동시에 다른 이를 위해 일하는 품위 있는 사회적 행위이기도 합니다(노동하는 인간, 6항 참조). 따라서 여성의 노동은 단순히 상품인 양 취급될 수 없습니다. 또한 우리 모두는 여성의 노동이 품위 있는 인격적, 사회적 행위로 표현될 수 있도록 개인적으로나 사회적으로도 가능한 모든 노력을 다해야 할 것입니다.

식당에서 손님은 왕이 아니라 돈 내고 빌어먹는 사람일 뿐입니다. 식당을 찾는 손님 중에는 그 누구도 식당에 종사하는 여성들을 마치 종이나 노예처럼 여길 수는 없습니다. 그분들이 없으면 돈을 가지고도 빌어먹을 수 없습니다. 그분들의 노동을 귀하게 여기고, 감사하게 생각할 때, 우리 서로의 인간적 품위만이 아니라 우리 사회의 품격도 그만큼 높아질 것입니다.

광주평화방송, 2011년 10월 31일

작은 행동 하나가
세상을 바꾼다!

'카페베네, 엔제리너스, 스타벅스, 할리스, 커피빈, 탐앤탐스, 파스쿠찌'.

커피를 즐겨 마시는 분들이라면 한 번쯤 가 보셨을 국내 7대 커피 전문점의 이름입니다. 주로 재벌 대기업 3세들이 운영하는 것으로 알려진 이 커피 전문점들은 매년 고속 성장을 하면서 수백억에 이르는 영업이익을 내고 있습니다. 그런데 이런 커피 전문점들은 젊은 아르바이트생들이 마땅히 받아야 할 임금 중에 주휴수당을 제대로 지급하지 않은 것으로 드러났습니다. 주휴수당은 근로기준법 제43조, 제55조에 따라 주당 15시간 이상 일하는 노동자에게 반드시 지급해야 할 임금입니다.

청년유니온이 국내 7대 커피 전문점의 매장 251곳을 조사한 결과에 따르면,[18] 조사 대상 매장의 81.2%가 주휴수당을 지급하지 않았

---

18) 관리자, 「[보고서] 2011년 커피 전문점 '주휴수당' 미지급 실태 조사 보고서」, 청년유니온, 2015년 1월 8일, https://youthunion.kr/posts/KmtDG6V

으며(11.6%만이 주휴수당을 지급, 7.2%는 무응답 내지는 파악 어려움), 미지급 주휴수당 액수는 총 197억 원(3년 치)에 이릅니다. 커피빈과 같은 커피 전문점은 100% 주휴수당을 지급하지 않았습니다. 카페베네는 91%, 탐앤탐스는 90%, 스타벅스는 70%, 할리스(71%), 파스쿠찌(73%), 엔제리너스(77%)도 70% 이상 주휴수당을 지급하지 않았습니다.

이 커피 전문점들이 체불한 임금을 액수로 환산하면, 카페베네는 3년 치 총 59억 5,000만 원, 엔제리너스는 34억여 원, 스타벅스, 커피빈, 할리스는 26억여 원, 탐앤탐스는 16억여 원, 파스쿠치는 12억여 원 정도로 추정된다고 합니다.

이런 조사 결과가 발표된 뒤, 고용노동부는 국내 7대 커피 전문점을 대상으로 노동관계법 위반 여부에 대해 긴급점검을 실시한다고 했습니다. 몇몇 커피 전문점들은 뒤늦게야 각 지점에 지급되지 않은 주휴수당을 지급하라는 지침을 내렸다고 합니다. 그런데 이제는 일부 커피 전문점들이 합법적으로 주휴수당을 지급하지 않기 위해 아르바이트생들의 근무 시간을 단축하는 얌체 같은 방법을 동원한다고 합니다.[19] 커피빈이나 스타벅스와 같은 커피 전문점들은 근무 시간을 주 15시간으로 줄여 계약을 맺는 방법을

---

19) 이경미, "알바 주휴 수당 안 주려 커피전문점 '꼼수' 여전, 한겨레 2011년 11월 8일, https://www.hani.co.kr/arti/society_general/504610

쓰기도 하고, 어떤 매장에서는 아예 주 15시간 미만의 근로 형태만 강요한다고도 합니다. 그러나 젊은 아르바이트생들은 학업 때문에 종일 근무를 할 수 없는 형편이어서 다른 선택의 여지가 없다고 하소연합니다.

고용노동부의 '커피 전문점 사업장 감독 결과 보고'[20]를 보면 주휴수당뿐만 아니라 '연차휴가 미사용 수당'과 '연장·야간·휴일 근로수당'을 지불하지 않는 곳도 있었고, '임금 및 퇴직금'을 지급하지 않거나 최저임금에 미치지 못하는 곳도 있었습니다. 비싼 등록금의 일부라도 마련해 보려고 학업에 온전히 매진하지 못하고 값싼 노동에 투신하는 우리 젊은 아르바이트생들에게 부당한 노동을 강요하는 셈입니다.

우리 젊은이들의 노동이 커피 전문점 경영자들의 부당한 탐욕의 먹잇감이 되도록 내버려 둘 수는 없습니다. 우리 소비자들의 작은 행동 하나가 이런 상황을 변화시킬 수 있습니다. 우선 젊은이들의 노동에 정당한 대가를 치르지 않는 커피 전문점에 발길을 끊는 것만으로도 큰 변화를 일으킬 수 있습니다. 더 나아가 커피 전문점에서 사용되는 커피가 명실상부한 공정 무역에 의한 것인

---

20) 김병권, "커피전문점 주휴 수당 미지급 실태 조사", 새로운사회를 여는 연구원, 2011년 9월 8일, https://saesayon.org/attachFiles/13154717691651

지, 또 누가, 어떻게, 어떤 대우를 받고 커피를 생산했는지를 꼼꼼히 살펴볼 필요가 있습니다. 우리가 정의로운 커피를 마시는 바로 그 순간부터 세상은 달라지기 시작할 것입니다.

광주평화방송, 2011년 11월 14일

세상 속의 구유
: 쌍용차 해고자들의 희망 텐트촌

만인을 위해 내가 몸부림칠 때 나는 자유 / 피와 땀과 눈물을 나눠 흘리지 않고서야 / 어찌 나는 자유이다라고 말할 수 있으랴

— 김남주, 「자유」 중에서

  시인 김남주는 남민전 사건으로 투옥되어 긴 감옥살이를 하던 중에 이 '자유'라는 시를 썼습니다. 제가 학생 시절 즐겨 읽은 김남주의 시들 중에서도 이 시는, 처음 읽은 순간 이후 마치 넘기지 못한 생선 가시처럼 목에 걸려 남아 있었고, 아직도 소화되지 못한 채 제 가슴속에 걸려 있는 시입니다. 겨우 몇 평 남짓한 옹색한 감옥 속에 몸이 묶여 있었어도 시인의 자유는 만인을 끌어안을 수 있을 정도로 풍족했고, 사유의 지평은 넓었으며, 삶은 거룩했습니다. 김남주의 시를 새삼 떠올린 것은, 세상을 달리한 그가, 위로받지 못하고 세상을 떠난 만인들의 목숨들과 어울려 꽃으로 피어난 자유가 되어 우리의 한겨울 세상을 애틋하게 내려다보고 있으리라 믿기 때문입니다.

사계절을 한겨울처럼 사는 이들이 세상에 많지만, 감히 닿을 수 없는 설움과 깊은 슬픔을 남긴 채 세상을 달리한 '열아홉 분' 쌍용자동차 해고 노동자들과 그 가족, 그리고 여전히 마음과 몸을 편히 눕힐 수 있는 세상 한쪽을 찾지 못해 길 위에서 서성이는 그들의 동료들을 기억하고 싶습니다.

오늘로 쌍용차 사태는 1001일째가 됩니다. 2009년 2,646명을 대거 정리 해고함으로써 시작된 쌍용차 사태는, 같은 해 5월 22일 600여 명의 노동자들이 집단 해고를 거부하며 본사 공장을 점거하고 77일 동안 농성으로 맞섰으나 8월 5일 경찰의 전쟁 같은 강제진압이 이루어졌습니다. 8월 6일 '비정규직 복직 및 무급 휴직 뒤 복직, 징계 철회 및 원직 복직'이라는 타협안에 노사 간 합의했으나 96명 구속, 손해 배상 가압류 등이 이루어졌을 뿐 합의는 지금까지 지켜지지 않았습니다. 그 이후 쌍용차 해고 노동자들과 가족들은 외상 후 스트레스 장애, 우울증과 죽음의 그림자가 짙게 드리워진 일상 속에 살고 있으며, 열아홉 분이 병을 얻어 세상을 달리하거나 천 길 낭떠러지에서 꽃잎처럼 흩날려 세상을 떠났습니다.

쌍용차 해고 노동자 가족들의 힘겨운 삶은 아기를 낳고 몸을 풀 곳도 머물 곳도 없었던 마리아와 요셉 가족(루카 2,7 참조)의 삶과 겹쳐집니다. 세상으로부터 받아들여지지 않았던 아기 예수의 모습(요한 1,11 참조)은 일을 빼앗기고, 삶의 일터로 돌아가지 못해 공장 밖을 서성이는 해고 노동자들의 삶과 무엇이 그리 다르겠습니까. 죽음의 위협 때문에 삶의 고향에서 이방의 땅으로 쫓겨나야 했던 아기 예수, 마리아, 요셉 세 식구의 처지(마태 2,13-15 참조) 또한 쌍용차 해고 노동자 가족들의 고단한 형편과 다를 바가 없습니다. 해고는 곧 살인이요 죽음이라는 말의 처절함은 결코 과장된 것이 아닙니다.

쌍용차 해고 노동자들의 새해 희망은 '더 이상 죽는 사람이 없고, 다시 공장으로 돌아가는 것'이라고 합니다. 그리고 그들은 이 희망을 이루기 위해 지난해 12월 7일부터 본사 앞에 '희망 텐트촌'을 세워 힘겨운 싸움을 벌이고 있습니다. 이제는 우리가 그들 곁에 현존할 차례입니다. 희망 텐트촌은 깜깜한 밤을 깨고 빛으로 다가오신 아기 예수님을 찾아 경배하듯, 오늘 우리가 몸을 깊숙이 숙이고 맞아들여야 할 세상 속의 구유입니다. 희망 텐트촌 위 하늘 높이 빛나는 별들이 마침내 쌍용차 해고 노동자들과 그 가족들의 삶 속에서 빛나고, 다시 일어서는 삶을 위해, 동방 박사들이 아기 예수의 별을 보고 찾아 황금과 유약과 몰약을 예물로 드렸던 것처럼, 우리도 그분들의 희망 앞에 마음을 굽혀 연대의 손을 내미는 것은 어떻습니까.

광주평화방송, 2012년 1월 16일

노동의 위기, 삶의 위기

　오늘은 노동절입니다. 노동절은 지금으로부터 126년 전—1886년—5월 1일, 하루에 12시간에서 16시간에 이르는 장시간의 노동을 하면서도 형편없이 낮은 임금을 받고 노예처럼 살아야 했던 미국 시카고 노동자들이 하루 8시간 노동을 위해 투쟁했던 것을 기억하고, 세계의 모든 나라에서 하루 8시간 노동을 확립하기 위해 노동자들이 연대하는 것으로부터 시작되었습니다(1890년). 2012년, 우리나라 노동자들의 세상은 과연 어떤 모습일까요.

　최근 고용 승계와 노동조건 개선을 위해 108일 동안 천막 농성을 한 뒤, 비로소 해고라는 죽음의 벽을 넘고 복직하게 된 서울 한일병원 식당 노동자들의 현실을 보면 우리나라의 노동 세계가 얼마나 고단한 것인지 그 단면을 잘 볼 수 있습니다. 한일병원 식당 노동자들은 저마다 어려운 경제 사정 때문에 고된 노동 현장에 서게 된 40대에서 60대에 이르는 여성들이고, 대부분 10년에서 30년 가까이 일해 왔습니다. 한일병원 식당 노동자들은 용역 업체가 LG 관련사인 아워홈으로 바뀌면서 이틀 일하고 하루 쉬던 3교대 근무 형태에서 하루 2교대로 전환되고, 하루 8시간 이상 근무가 다반사가 되었습니다. 그럼에도 기본급은 근무 연수에 상관없이 한 달에 90만 원 정도에 불과했습니다. 2012년 1월 1일 다시 식자재 유통 사업체인 CJ 프레시웨이로 용역 업체가 바뀌면서 고용 승계가 이루어지지 않아 하루아침에 일자리를 잃게 된 식당 노동자들은 긴 겨울과 함께 절박한 천막 농성을 시작했습니다. 이 병원에서 13년 동안 일했던 송영옥 씨(57세)가 어느 인터뷰에서 했던 말은 참으로 아프게 들립니다. 송영옥 씨는 해고 과정을 '쓰다가 내다 버린 것'이라고 말하고 그것이 억울하고 분했고, 지렁이처럼 밟힌 처지에 대한 울분 때문에 밤잠을 이루지 못했다고 합니다. 심지어 삭발까지 하면서 대화와 협상을 요청했지만 그 누구도 응하지 않았고, 문을 두드려도 병원의 굳게 닫힌 문은 열리지 않았습니다. 그러나 한일병원 식당 노동자들은 병원의 문턱이 아무리 높아도 기어오르다 떨어지면 또 올라가자는 심정으로 싸웠고, 마침내 병원 로비를 점거하고 빨랫줄로 서로 몸을 엮고 목에 두르면서까지 목숨을 건 힘거운 투쟁을 한 끝에 복직하게 되었습니다.

한일병원 식당 노동자들의 노동 현실은 이른바 낮은 임금에 장시간 노동, 그리고 오늘날 노동 세계에 만연해 있는 불안전한 고용 상황을 전형적으로 보여 줍니다. 그리고 이러한 노동 현실은 오늘날 노동과 노동자가 자본과 시장 논리에 얼마나 철저하게 종속되어 있는가를 잘 대변해 주고 있습니다.[21] 사실 오늘의 한국 사회가 처한 가장 심각한 위기는 바로 노동의 위기입니다. 젊은이들의 취업 문제, 천만 명에 육박하는 비정규직 노동자(2008년 기준 840만 명), 정규직에 비해 불평등한 비정규직의 임금, 장기 임시 노동·용역 노동·시간제 노동·파견 노동 등 불안정한 고용 형태의 증가, 하루에 6명꼴로 산업 재해 때문에 죽어 가는 노동자들(산업 재해 사망률: 2011년 2114명, 하루에 6명꼴, OECD 국가 중 산업 재해 사망률 1위) 자본과 시장 논리에 따른 구조 조정, 외국인 이주 노동자들의 열악한 노동 환경 등과 같은 문제들은 노동의 위기를 잘 보여 주고 있습니다. 그리고 노동의 위기는 인간과 삶을 위기에 빠뜨리는 것과 다르지 않습니다.

우리가 잘 아는 바와 같이 노동 시장에서 받아들여지지 않거나 탈락한다는 것은 생존권이 위협당하는 것일 뿐만 아니라 한 인간으로서의 존재감 상실과 인간적, 사회적 관계의 단절 등 인간 삶을 벼랑 끝에 내미는 것과 하나도 다를 바가 없습니다. 이런 의미에서 노동자들의 파업 현장에서 쉽게 볼 수 있는 "해고는 살인이

---

21) 노동과 자본은 상호 보완적인 면모가 있지만 교회는 자본에 대한 '노동의 우위'를 줄곧 강조한다. "노동은 자본보다 본질적으로 우위에 있다. (…) 생산 과정에서 노동은 항상 주요 동인이 되지만, 생산수단의 총합인 자본은 다만 하나의 도구 또는 도구인이 될 뿐이다."(간추린 사회교리, 277항. 270-276항과 278-281항도 참조)

다."라는 말만큼 노동과 노동자가 처한 절체절명의 위기를 잘 표현해 주는 말도 없을 것입니다. 이 말이 제게는 "저의 하느님, 저의 하느님 어찌하여 저를 버리셨습니까?"(마태 28,46)라는 예수의 마지막 절규처럼 들립니다. 그 절규들이 여전히 우리 사회 곳곳에서 하늘을 찌르듯 울려 퍼지지만 그지없이 완고한 자본의 세계에서 더 이상 인간은 존재하지 않는 듯합니다.

지금도 어디선가 일할 기회조차 얻지 못하고 간신히 생명줄을 붙잡고 있는 사람들, 세상에서 가장 슬픈 장송곡을 남기고 떠난 스물두 분의 쌍용차 노동자들과 그 가족들의 목숨들 그리고 여전히 거리를 서성거려야 하는 그의 동료들, 재능교육 학습지 노동자들의 끝이 보이지 않는 고난의 거리 투쟁, 부당 해고에 맞서 싸우고 있는 콜트-콜텍의 노동자들, 언론의 자유만이 아니라 언론노동자로서의 존재 의미를 진중하게 묻고 있는 언론인들(MBC, KBS, YTN, 연합뉴스, 『국민일보』, 『부산일보』), 그리고 저임금과 고용 불안에도 불구하고 어디에 하소연조차 변변히 할 수없는 문화·예술·스포츠 등 특수 산업 비정규직 노동자들의 현실은, 노동과 노동자들의 삶이 깊은 위기 속에 처해 있는 한, 우리 가운데 그 누구의 삶도 결코 인간적일 수 없다는 것을 말하는 것이리라 여겨집니다.

광주평화방송, 2012년 5월 1일

자본과 시장 제국의 속국이 된 인간 노동

　이 방송이 나갈 시간쯤이면 아마도 많은 사람들이 하루의 노동을 즐겁게 마치고 넉넉한 마음으로 가족의 품으로 돌아가는 도중일지도 모르겠습니다. 또 어떤 사람들은 어쩌면 저녁이 없는 힘겨운 노동으로 몸과 마음이 지쳐 있는지도 모를 일입니다. 사람들은 굳이 정신노동, 육체노동을 구분하지만, 엄밀하게 보면 이는 부질없는 구분일 뿐입니다. 몸이 함께하지 않는 정신노동, 정신이 빠진 육체노동은 애초에 존재하지 않기 때문입니다. 정신노동이니 육체노동이니 하는 구분은 왜곡된 노동 철학의 교묘한 전략일 뿐이라는 것을 제쳐두더라도, 오늘날 노동 문제와 관련해 근본 문제 중의 하나는 노동하는 우리 인간이 더 이상 인간의 노동에 대해 묻지 않는다는 것입니다. 그리고 노동에 대한 물음이 사라진 세상에서 자본과 시장 제국이 노동을 욕심껏 지배하는 것은 당연한 귀결일 것입니다.

　하루의 노동을 마친 후, 한 번쯤 잠시나마 오늘 하루의 노동을 묻는 것은 어떻습니까. 나의 하루의 노동은 과연 인간적인 것이었고 정의로운 것이었는지를. 더 구체적으로 풀어서 묻는다면 이렇습니다. 나의 오늘 하루의 노동은 그만큼 존중받았고, 보다 나은 세상을 위해 헌신하는 노동이었으며, 사람들의 삶을 조금이나마 따뜻하게 하는 노동이었는가 하는 물음입니다. 혹은 나는 타인의 노동에 대해 정당한 의미와 대가를 지불했는지, 나의 노동이 과도하게 평가받지는 않았는가 하고 물을 필요도 있습니다. 다른 사람의 노동을 감사하게 여겼는지, 설령 하루에 마땅히 해야 할 노동의 양을 다 채우지 못했더라도 그 누구도 노동의 품격을 깎아내리지는 않았는지, 심지어 노동 없는 하루를 지냈더라도 아무도 노동의 대가를 받을 자격이 없다고 나무라지 않는 것이었는지 말입니다. 바로 내 옆의 비정규직 노동자에 아무런 관심이 없어도 정규직이라는 이름을 지닌 나의 노동은 더 안전한 것인지, 한겨울 추위 속 벼랑 끝 송전탑과 종탑 위의 노동자를 유령 인간 취급해도 과연 나의 노동이 인간적일 수 있고 고귀할 수 있는지 단 한 번이라도 물어야 하지 않을까요.

인간의 노동에 대한 근원적인 물음이 제거된 세상에서 인간의 노동은 인격적인 대우를 받을 수 없으며 노동하는 인간은 다만 언제든 쓰다가 버릴 수 있는 상품에 불과할 뿐입니다. 삼성 공화국의 무노조 원칙, 쌍용차의 노동자들, 재능교육의 해고자들, 대교의 학습지 교사들 퇴출, 한진중공업 사태, 이마트의 불법 사찰은 자본과 시장 제국의 속국이 된 노동 세계에서 사는 노동자들의 냉혹한 현실만이 아니라 노동의 미래, 곧 노동하는 인간의 미래를 보여 주는 것이기도 합니다. 노동하는 인간이라면 그 누구라도 피할 수 없는 현실이고 미래입니다.

 노동에 대한 물음은 근본적으로 인간 노동의 인격성과 노동하는 인간의 존엄성에 관한 물음입니다(노동하는 인간, 6항, 7항 참조). 이 물음에 근거하지 않고서는 결코 자본과 시장을 그 뿌리로부터 이겨 낼 수 있는 힘과 대안은 존재하지 않습니다. 그러나 자본과 시장 제국은 이 물음조차도 아무런 대가 없이 거저 허용하지는 않을 것입니다. 자본과 시장 제국이 여타의 제국이 보여 주었던 바와 다른 것은 자본과 시장을 위해 헌신하고 충성하는 노동 노예조차 소유하지 않고서도 화려하게 유지되는 안전한 자본 세상의 길을 이미 잘 알고 있기 때문입니다. 그것은 노동자가 노동하는 존재인 인간에 대한 물음을 더 이상 묻지 못하도록 하는 것입니다. 이 물음은 자본과 시장 제국에 가장 큰 위협이 될 것이기 때문입니다.

광주평화방송, 2013년 2월 19일

노동 없는 사회,
우리 사회의 일그러진 자화상

지난 4월 16일, 기아자동차 광주공장의 한 비정규직 노동자가 "자식에게 비정규직을 물려줄 수 없다!"라고 외친 뒤 분신을 시도했습니다. 그는 기아자동차 정규직 6,300여 명과 같은 조립 라인에 배치되어 고작 정규직 평균 임금의 60% 수준을 받고 일하는 사내 하청 노동자 450여 명에 속한 사람이었고, 7년여 동안 기아차에서 비정규직으로 근무하면서 지난해부터 정규직 전환을 줄곧 요구했으나 그의 꿈은 현실화되지 못했습니다. 그의 분신이 있기 며칠 전, 기아자동차 광주 노동조합은 노사 협상에서 생산직 직원 신규 채용 시 정년 퇴직자와 25년 이상 장기근속자의 직계 자녀 1명에게 특혜를 주는 데 합의했습니다. 1차 서류전형에서 최대 25%를 자녀 몫으로 할당하고, 2차 면접에서 5%(3.5점)의 가산점을 주기로 한 것이었습니다. 하나의 노동 현장에서 일어난 서로 다른 두 가지 풍경이지만, 정규직과 비정규직의 차별, 그리고 두 개의 신분 제도는 노동 현장에서 더는 낯선 풍경이 아닙니다.

부당 해고에 저항해 송전 철탑에서 오늘로 188일째 고공 농성을 벌이고 있는 현대자동차 울산공장 사내 하청 노동자 최병승 씨가 대법원으로부터 사내 하청이 불법파견임을 인정받고 중앙노동위로부터 부당 해고 결정을 받고도 현대자동차 측과 9년째 끝 모를 싸움을 계속하고 있는 한편, 현대자동차에서 함께 일하는 정규직과 비정규직 노동자 사이에는 건널 수 없는 깊은 강이 흐르고 있습니다.

노동 문제는 우리 사회의 노동 인구 절대 다수에게 해당되는 문제이지만 현실은 이상하리만치 냉랭합니다. 쌍용차 노동자들의 경우처럼 노동 주권이 길바닥에 나앉아 있어도 우리 사회는 해결의 실마리를 찾지 못하고 있습니다. 노동 시장으로부터 배제되거나 탈락해 혹은 더는 노동 시장에 받아들여지지 않아 자영업을 시작한 사람들, 특히 편의점 운영자들이 알게 모르게 하나둘씩 목숨을 끊고 이 세상 밖으로 외롭게 추방되어도 사회는 요지부동입니다. 노동조합 역시, 현대차나 기아차의 노조처럼 배타적인 이익집단으로 변질되어 더 이상 모든 노동자를 위한 조직이 아니라는 따가운 시선을 받는 형편입니다. "우리의 소원은 통일이 아니라 정규직"이라는 어느 드라마의 내레이션에서 보듯 비정규직 노동자가 800만 명을 훌쩍 넘었어도—고용노동부 통계는 2013년 3월 기준 600여만 명—우리 사회의 정치가들은 노동 현실 저편에서 노동자 대다수가 꿈조차 꾸지 못하는 억대의 연봉을 받고 세금을 낭비하고 있습니다. 우리 사회의 절대 다수가 임금노동자로 살면서도,

자본과 시장 권력이 점령해 식민지화한 노동 세계에서는 그 누구도 인간과 노동의 품격을 지닐 수 없음에도 속수무책인 데는 참으로 의아하지 않을 수 없습니다. 안타깝지만 노동조합도 정치도, 심지어 노동자 자신도 인간의 노동에 대한 깊은 성찰이 없다는 것이 오늘날 노동 세계의 위험을 지속시키고 고착화시키는 또 다른 원인이 되고 있음을 간과할 수 없습니다.

그렇다면 어찌해야 할까요. 우선 "오늘날 한국 사회가 다뤄야 할 실제 문제(real issue)는, 절대 다수 노동 인구의 사회경제적 삶의 조건이 매우 크게 위협받고 있는 현실"이며, 따라서 "이 문제에 대한 적절한 정책 대안을 발전시키지 못한다면 한국 민주주의는 적어도 그 내용에 있어 공허한 것이 될 수밖에 없다."[22]라는 점에 유념해야 합니다. 이는 곧 노동 문제를 해소하기 위한 사회경제적 조건의 변화는 현실적으로 정치를 통해서만 가능하며, 그런 만큼 우리 시민의 노동 주권은 정치가 노동 문제를 근본 의제로 삼을 수 있도록 다양한 방식으로 정치를 자극해야 한다는 것을 뜻할 것입니다. 인간 노동이 자본 세계의 속박에서 풀려나지 않고서는 결코 품격 있는 노동, 인간화된 노동이 있을 수 없으며, 또한 그 사회에서는 진정한 인간발전을 기대할 수 없기 때문입니다.

광주평화방송, 2013년 4월 23일

---

22) 최장집, 『노동 없는 민주주의의 인간적 상처들』, 폴리테이아, 2012, p. 115.

정치는
곧 삶과 죽음의 문제

2012년 총선이 이제 보름 남짓 남았습니다.

 정치는 결국 사람이 하는 것이라 누구를 뽑을 것인가 하는 물음은 중요합니다. 자신의 이익을 챙기기 위해 국민을 들러리로 삼는 정치인보다 국민과 공익을 대변할 수 있는 사람이 더 낫기 때문입니다. 많은 사람들이 좋은 인물을 뽑으면 삶의 질과 사회가 더 나아질 것이라고 기대하는 것도 그런 이유일 것입니다—『한겨레』가 2011년 12월 27일에 전국 19살 이상 1,000명을 대상으로 한 여론 조사 결과를 보면, 그중 73.6%(736명)가 '좋은 인물을 뽑으면 사회가 나아질 것'이라고 응답[23]했다—그러나 실제로 현실 정치가 이루어지는 과정을 살펴보면 꼭 그렇지만은 않습니다. 이를테면 국회의원은 국민의 대표자이기 때문에 국회 표결에서 소속 정당의 의사와 상관없이 양심에 따라 투표해야 하지만(국회법 114조의2

---

23) 김보협, "내년 선거 좋은 인물 뽑으면 사회 나아질 것" 73%, 한겨레 2011년 12월 30일, https://www.hani.co.kr/arti/politics/politics_general/512586

참조) 정당의 당론이나 정책이 그와는 다른 의견을 지닌 의원들을 간단히 제압하는 경우도 매우 흔한 편이기 때문에 인물론이 반드시 의미 있는 것은 아닙니다. 이 말은 곧 정당보다 어떤 인물이냐가 더 중요하다는 논리가 항상 들어맞지는 않는다는 뜻입니다. 이런 점에서 소속 정당을 배제한 인물론은 판단을 그르치게 할 수 있습니다. 정치인이 어떤 정당에 속해 있다는 것은 그 정당의 정책을 근본적으로 공유하는 사람들일 뿐만 아니라 소속 정당의 이해를 대변하는 정책을 확대 재생산하는 사람들이라는 것을 의미하기 때문입니다. 따라서 선거에 있어 인물의 차이보다는 정당의 차이를 살피는 것이 더 결정적이라는 주장에도 공감하기는 어렵지 않습니다. 왜냐하면 한 정당의 정책은 삶과 운명을 가를 수 있기 때문입니다.

이와 관련해 미국의 정신의학자인 제임스 길리건은 그의 저서 『왜 어떤 정치인은 다른 정치인보다 해로운가』(교양인, 2012)에서 정치는 곧 삶과 죽음의 문제라는 점을 매우 설득력 있게 제시하고 있습니다. 그에 따르면, 1900년부터 2007년까지 108년 동안 발생한 미국의 자살과 살인에 관한 통계를 분석한 결과 일관되게 나타난 현상은, 보수 공화당이 집권할 때는 언제나 자살과 살인의 수치가 높았고, 민주당이 집권할 때는 언제나 그 수치가 낮았습니다. 그리고 자살과 살인 수치가 올라가고 내려가는 것은 각 정당이 내놓은 정책과 연관성이 매우 밀접하다는 것을 밝힙니다. 보수 공화당이 집권할 때, 언제나 실업이 늘고 빈부양극화가 심해졌으며, 이것은 결국 자살과 살인의 수치를 높이는 결과를 가져왔는데, 이런 결과는 정당의 정책과 깊은 관계가 있다는 것입니다. 이를테면 어느 정당이 소득누진세를 적용하는 정책을 펴느냐 그렇지 않느냐에 따라, 실업문제에 대응하는 정책에 따라, 사회적 약자들을 위한 사회복지 안전망을 확대하느냐 축소하느냐에 따라, 한마디로 경제적 불평등을 해소하는 정책이냐 아니냐에 따라 삶과 죽음을 판가름했다는 뜻입니다. 미국의 보수 공화당은 경제적 불평등을 강화시키는 정책을 썼고, 그와 달리 민주당은 경제적 불평등을 약화시키는 정책을 썼는데, 이 정책이 결국 자살과 살인을 높이고 낮추는 데 근본적인 영향을 끼쳤다는 것입니다. 따라서 제임스 길리건은 선거에서 어떤 정당을 뽑을 것이냐 하는 것은 곧 "삶과 죽음 둘 중 하나를 선택하는 것"과 같은 문제라고 말합니다. 아울러 한 사회가 자살이나 살인 문제를 다스리려면 그와 결부된 경제적 불평등과 사회경제적 고통을 해소하기 위한 정치와 경제 시스템을 형성하는 것이 이미 그에 노출된 사람들을 치료하거나 처벌하는데 자원을 쏟아붓는 것보다 훨씬 효과적이라는 사실을 강조합니다.[24]

제임스 길리건의 이런 연구 결과가 한국의 상황과 모든 면에서

---

24) 제임스 길리건, 『왜 어떤 정치인은 다른 정치인보다 해로운가』, 교양인, 2012, p. 198, 222.

맞아떨어지는 것이 아니라 하더라도 실업과 경제적 불평등 내지는 양극화 해소 문제, 보편적 복지와 사회 안전망에 대한 문제, 인권과 생명의 문제, 언론과 표현의 자유 문제, 남북 문제에 대한 정책은 우리나라 정치가 보여 주었듯이 어떤 형태로든 삶과 죽음의 문제와 깊은 인과관계가 있으며, 또 앞으로도 그럴 것이라는 점에서는 이견이 없을 것입니다.

이번 선거에서 누구를 선택하고, 어떤 정당을 선택할 것인가 하는 점은 분명 각자의 몫입니다. 그러나 투표를 하거나 하지 않는 것 그 자체가 사회에 영향을 미치는 행위이고, 그것이 그 누군가의 삶과 행복에 관여하는 행위이기에 중요하지 않을 수 없습니다. 더욱이 우리 그리스도인은 마땅히 추구해야 하는 공동선과 참된 인간화를 선택해야 하며, 그것이 곧 우리 사회와 인간의 삶을 참으로 인간답게 하는 선택이 될 것임을 잊지 말아야 할 것입니다.

광주평화방송, 2012년 3월 26일

'투명 인간들'을 위한
정치는 어디에?

　요즘 한창 호응을 얻고 있는 영화 〈광해, 왕이 된 남자〉(2012)에서 제게 가장 인상적이었던 장면은 가짜 왕 광대 하선이 수라간 궁녀 사월이에게 "너는 어찌하여 여기 궁까지 오게 되었느냐?"라고 묻는 대목이었습니다. 궁녀들은 왕을 위해 몸을 바쳐 일하는 절대적으로 필요한 사람들이지만 왕에게는 마치 있어도 없는 존재나 마찬가지입니다. 그런 궁녀에게 가짜 왕 광대 하선이 인생의 내력을 묻고 말을 건네는 것은 투명 인간과도 같은 수라간 궁녀를 비로소 사월이라는 한 인간으로 불러내는 일이기 때문입니다. 사월이는 비로소 그 누구도 귀 기울여 들어 주지 않았던 삶의 내력을 자신의 입으로 말하기 시작합니다. 그리고 가슴에 맺혀 있었으나 차마 그 누구에게도 발설하지 못했던 말, 곧 탐관오리가 쳐 놓은 빚의 덫에 걸려 헤어졌던 어머니를 만나고 싶다는 원의를 마침내 쏟아냅니다.

　대통령 선거를 앞둔 요즈음, 대선주자들은 저마다 자신의 존재감을 알리는 행보에 여념이 없습니다. 저마다 뒤질세라 '국민'을 앞세워 말하지만, 그 국민이 참으로 국민이었던 적이 있었는지 의문스럽습니다. 실상 국민의 존재는 정치가들에게 언제나 투명 인간처럼 없는 존재와 다를 바 없지 않았을까요. 정치가들이 앞다투어 호명하는 국민은 다만 그 이름일 뿐이지 진정 국민의 존재감을 드러냈던 적이 있었을까요. 더욱이 국민 속에 꼭꼭 숨어 있는 투명 인간과도 같은 사람들에게 그나마 국민이라는 이름조차 제대로 부여했던 적이 있었을까요.

대학에서 청소 노동자로 일하는 어떤 여성은, "우리가 이렇게 일하는 건 빗자루밖에 모른다."라고 한탄합니다. 영구 임대 아파트에 살면서 목공 일을 하는 20대 후반의 한 젊은이는 "정치인들이 우리를 진심으로 생각이나 할까요?"라고 정치인들의 진심에 의문을 제기합니다. 서울 어느 쪽방촌 주민은 "이 나라 정부는 우리 같은 사람들은 쳐다보지도 않는다. 친시민 정책을 말하지만 (…) 우리한테는 손을 내밀지 않는다."라고 절망스럽게 말합니다. 이런 한탄과 절망스러운 목소리를 지닌 사람들의 삶을 살피고 그들의 소리를 담아내는 정치가 진정 국민을 투명 인간으로 바라보지 않는다는 것을 가늠하는 시금석일 것입니다.

유력한 대선 후보자들이 저마다 국민 통합이라는 말을 앞세워 사람들을 불러내고 있습니다. 그러나 그들이 불러내는 사람들이

'이름도, 목소리도, 존재감도 없이 살아온 사람들'이 아니라 대체로 한물간 정치판 홈리스들이나 오로지 자신의 입신을 위해서 국민의 이름을 헛되이 부르는 사람들이라는 점에서는 할 말을 잃게 됩니다. 한편, 이와 관련해 무엇보다도 우러스러운 것 중의 하나는 국민 통합이라는 이름으로 친일파들의 후예들과 친미 사대주의자들에게 역사적 면죄부를 안겨 주고 치욕과 굴종의 역사를 다시 불러내는 것은 아닌가 하는 점입니다. 또 하나 우러스러운 점은 국민 통합을 말하지만 정작 분단의 고통 속에 사는 남북한 민초들에 대한 통합적 전망이 배제되고 있다는 것입니다. 이 모든 점을 생각해 볼 때 국민 통합이라는 말은 선거 기간 중에 유행하고 사라질 정치적 수사의 운명과 크게 다르지 않으리라 여겨집니다.

진정한 국민 통합의 행보는 먼저 지금까지 우리 사회에서 투명 인간 취급을 받는 모든 사람, 특히 청소 노동자들, 더 나은 삶에 대한 희망 없이 사는 젊은이들, 사회로부터 한 번도 따뜻한 손길을 느껴보지 못했던 사람들, 더 나아가 분단의 고통을 겪고 있는 남북한 민초들에게 말을 건네고 불러내는 일입니다. 그리고 마침내 그들이 스스로 삶의 내력을 말하고, 그들의 깜깜한 가슴속에서만 살아 있는 존재에 대한 갈망을 풀어낼 수 있도록 하는 것입니다. 진정한 정치의 쇄신과 국민 통합은 바로 그것으로부터 시작될 수 있기 때문입니다.

광주평화방송, 2012년 10월 16일

나의 투표권은
세상을 변화시킬 수 있을까?

요사이 제게 머물러 있는 생각 중의 하나는 저의 투표권에 관한 것입니다. 먼저 우리나라 참정권의 역사를 돌이켜 보면, 우여곡절이 많았던 우리나라 현대사만큼이나 참정권의 역사도 그러했다는 것을 되짚게 됩니다. 오늘의 나의 투표권은 하늘에서 거저 뚝 떨어진 것도, 통치자들의 선량함에 의한 것도 아니라 우리가 지금은 기억조차 하지 못하는 숱한 사람들의 땀과 피와 고통의 산물이었다는 것을 생각하면 마음 한구석이 숙연해집니다.

또 나의 투표권은 과연 세상을 변화시킬 수 있을까 하고 회의에 가득 찬 물음을 던지게 됩니다. 제가 표를 주지 않았던 사람이 당선되면 저의 투표권은 휴지 조각보다 못한 신세이기 일쑤였고, 설령 제가 표를 주어 당선된 사람도 저의 한 표를 대체로 휴지 조각 취급하는 점에서는 별반 다를 것이 없었기 때문입니다. 표를 얻은 사람이 적어도 나의 투표권 한 장 크기만큼이라도 더 나은 삶, 더 나은 세상을 위해 헌신해 주기를 바라지만 삶도 세상도 달라지지 않습니다. 나의 투표권 행사를 자신의 이해와 욕망을 충족시키고, 나의 투표권 위에 군림하는 것을 정당화하는 합법적인 절차로 여기고 있다는 인상을 받습니다. 한번 표를 얻고 나면 나의 투표권이 담고 있는 절박함을 단 한 번이라도 제대로 헤아려 주지 않습니다. 사정이 이러하니 투표권은 그저 투표하는 날 단 하루를 위해서만 효용가치가 있다는 회의에 빠져들기도 합니다.

그래서 저는 선거에 나선 사람들의 절박한 호소를 좀처럼 믿지 않습니다. 그들은 오로지 표를 얻기 위해서만 절박하기 때문입니다. 민초들의 절박함이 그들의 절박함으로 전환되어 다시 민초들에게 위로가 되어 돌아오는 것을 보는 것은 정말이지 하늘의 별 따기입니다. 그들이 다시 돌아오는 때는 언제나 그렇듯 표를 구할 때뿐입니다.

사실 국회의원이나 대통령을 뽑는 나의 투표권은 그들을 위해서만이 아니라 다른 많은 사람들에게 영향을 미치기를 바라는 기대를 담고 있다는 것도 틀림없습니다. 나의 투표권은 냉혹한 법의 세계에 투표권 한 줌만큼이라도 온기가 스며들기를 바라는 희망이 담겨 있습니다. 단 한 표의 크기만큼이라도 안하무인과 무소불위의 검찰과 경찰의 힘을 빼고, 영혼이 없어서 문제가 아니라 교활한 영혼을 지녀서 문제인 관료 세계의 영혼을 정화하고, 약육강식에 길들여진 시장 세계의 난폭한 질서를 깨고, 야수들을 길러내는 교육 세계의 비정함을 씻어 내고, 자본의 세상에 영혼을 바친 지식 세계의 비루함을 털어 내고, 기댈 곳이 없는 민초들의 세상을 위해 힘이 되어 주기를 바라는 기대가 담겨 있기도 합니다.

나의 투표권은 지금까지 그래 왔던 것처럼, 이번 대선이 끝난 뒤에도 단 하루를 위한 허망한 주권이 될 가능성이 큽니다. 그래도 제 머릿속을 떠나지 않고 흐릿하게나마 맴도는 것은 인간의 삶과 역사의 더 나은 한 뼘을 위해, 그리고 더 나은 저의 삶을 위해 우리 세상에 따뜻한 가슴 하나와 선선한 미소 하나를 남기고 잊혀 간 사람들의 온기가 그 어딘가에 살아 있다는 것입니다. 나의 투표권, 그리고 우리의 투표권이 이번 대선에 더 나은 삶, 더 나은 인간, 더 나은 세상을 위해 온기 하나를 보태는 그런 축제가 되기를 희망해 봅니다.

광주평화방송, 2012년 11월 13일

윤리적 소비와 경제 민주화

지난 대선 기간 동안 경제 민주화는 우리 사회에서 가장 논쟁적인 화두 중의 하나였습니다. 주로 재벌을 개혁하는 데 초점이 맞춰진 경제 민주화에 대한 뜨거웠던 논의의 열기는 대선이 끝난 뒤 크게 사그라진 듯합니다. 물론 대선이 끝난 후 몇 가지의 가시적인 변화가 이루어진 것은 틀림없지만 재벌들의 무한한 탐욕을 통제하려는 의지가 과연 끈기 있게 지속될 것인지는 지금으로서는 불투명해 보입니다. 경제 민주화와 관련해 재벌 개혁에 대한 논의에 비해 경제 주체인 노동자와 그 현실에 대한 시선이 싸늘했던 것은 참으로 의아스러운 것이었습니다.

경제 민주화를 위해 시민 사회가 국회와 정부를 끊임없이 자극해 공정한 경제 질서를 세우고 노동할 권리를 보호하도록 하는 데 나서야 할 것은 말할 것도 없지만, 그와 더불어 우리의 소비자 주권이 경제 민주화를 이루는 데 적지 않은 역할을 할 수 있다는 것을 말씀드리고 싶습니다. 교종 베네딕토 16세께서도 "소비자들의 예리한 역할은 경제 민주주의를 이루는 바람직한 요소가 될 것"
(진리 안의 사랑, 66항)이라고 강조하신 바가 있습니다.

   소비자 주권을 가장 잘 드러낼 수 있는 것은 이른바 '윤리적 소비'라고 할 수 있을 것입니다. "윤리적 소비란 윤리적으로 만들어진 재화와 서비스를 구매하는 것"이며, "인간, 동물, 환경을 착취하거나 적어도 해를 끼치지 않는 것을 의미"합니다.[25]

   2012년 대한상공회의소가 소비자 500여 명을 대상으로 한 설문 결과를 보면, '가격과 품질이 비슷하면 윤리적 가치를 반영한 제품을 구매하겠는가'라는 질문에 72.9%가 '그렇다'고 응답했습니다('아니다'라는 응답은 9.0%). 소비자가 구매 결정에 가격과 품질만이 아니라 윤리적 가치도 중요하게 여긴다는 것을 잘 보여 줍니다. 더 나아가 우리나라에서 윤리적 소비에 대한 관심과 의식이 점차 고조되고 있다는 것도 희망적이며, 이는 세계적인 추세에 바람직하게 부응하는 것이기도 합니다.

   영국의 '윤리적 소비자'(Ethical Consumer)라는 월간지는 '윤리적 소비는 쇼핑을 할 때마다 투표를 하는 것과 같은 것'이라고 설명합니다. "커피나 차, 아침 식사용 시리얼, 빵이나 비닐봉지를 사는

---

25) 박지희·김유진, 『윤리적 소비』, 메디치미디어, 2010, p. 24.

사소한 구매도 무언가를 위한 투표"이며, "유기농으로 재배된 식품을 사는 것은 지속 가능한 환경을 위한 투표요 공정 무역은 인권을 위한 투표"라는 말입니다.[26]

소비 문제에 대한 우리 가톨릭교회의 입장도 근본적으로 다르지 않습니다. "구매력은 정의와 연대의 도덕적 요구, 그리고 사회적 책임을 바탕으로 발휘되어야 하며, 따라서 소비자들은 구매품의 가격과 품질뿐만 아니라 생산회사의 노동조건과 자연환경 보호 차원까지 고려해 기업과 생산자의 행동에 영향을 미칠 수 있도록 해야 한다."라는 것입니다(간추린 사회 교리, 359항).

이렇게 보면 우리가 지갑을 열어 소비 행위를 하는 것은 곧 인간의 존엄성을 증진하고 생태계를 보존하는 것과 다를 바 없습니다. 또 노동자의 인권을 존중하고 기업 및 생산자의 사회적 책임 등 윤리적 가치를 살리고 공정하지 못한 경제 질서를 정의롭게 세우는 데도 결코 무시할 수 없는 행위가 될 것입니다.

경제 민주화, 재벌 기업에 휘둘리는 우리나라 국회와 정부의 의지에만 맡겨 둘 수는 없습니다. 우리의 일상적인 윤리적 소비 행위로도 경제 민주화를 이룰 수 있습니다. 혹시 지금 우리 손에

---

26) 박지희·김유진, 『윤리적 소비』, 메디치미디어, 2010, p. 28.

들려 있는 휴대폰을 제조한 기업에 비인간적이고 부당한 노동 행위의 문제는 없습니까? 우리가 매일 즐겨 마시는 커피는 생산자의 노동을 착취하지 않고 정당한 임금을 지불한 공정한 과정을 거친 것입니까? 경제적인 합리성만을 생각하거나 값이 싸다는 이유만으로, 명품이라는 이유만으로 기업과 생산자의 불의함을 눈 감고 넘어가야 할까요? 우리의 윤리적인 소비는 그릇된 경제 질서를 바로잡고 공존하는 인간 삶의 품격을 높여 주는 데 손색이 없는 행위가 될 것입니다.

광주평화방송, 2013년 3월 19일

탈핵 없이 인류·지구의 미래도 없다

　체르노빌과 후쿠시마는 오늘날 인류 역사에서 그 이상 참혹할 수 없는 재앙의 대명사로 기억되고 있습니다. 모든 것이 평화로웠던 곳이 단 한 번의 원전 폭발로 이런 공포스러운 이름을 얻게 된 것입니다. 체르노빌과 후쿠시마로 상징되는, 인류와 지구에 돌이킬 수 없는 파멸을 가져온 핵 재앙은 사실상 1945년 7월 16일 오전 5시 29분 45초 역사상 첫 번째 핵폭탄 폭발 실험으로부터 이미 시작되었다고 보는 것이 옳을 것입니다. 그리고 미국의 원자 폭탄 제조 계획(맨해튼 프로젝트)에 주도적으로 참여했던 핵물리학자 로버트 오펜하이머가 이 실험을 바라보면서 세계의 파멸을 뇌까린 것은 재앙의 서곡이었습니다. 핵폭탄 실험이 암시한 재앙은 그 이후 히로시마와 나가사키에 핵폭탄이 투하됨으로써 무서운 현실이 되었습니다. 단 몇 초 만에 히로시마는 대부분 파괴되었고, 반경 0.5킬로미터 내에 있었던 사람들의 90%가 죽었으며, 그 이후까지 합하면 총 70여만 명에 이르는 사상자들이 발생했습니다.

인류 역사에서 존재하지 말았어야 할 핵기술이 군사적 활용과 더불어 에너지 자원으로 활용되면서 재앙의 현실은 항시적인 것이 되었습니다. 1986년 4월 26일 체르노빌의 핵 발전소 폭발 사고는 이를 확인해 주는 사건이었고, 26년이 지난 지금까지도 체르노빌은 방사능 오염 때문에 더 이상 사람이 살 수 없는 죽음의 땅으로 남아 있습니다. 2011년 3월 11일 일본 후쿠시마 핵 발전소 사고는 인류가 예측과 통제가 불가능한 핵 재앙 속에 처해 있다는 사실을 재차 상기시켜 주었습니다. 이 두 지역의 핵 재앙과 관련해 인간이 능히 예측할 수 있는 것은 핵을 다루는 인간의 기술이 매우 불완전하다는 것뿐입니다.

핵사고가 보여 준 핵 발전소의 위험성은 측정과 통제가 불가능한 방사능 물질의 파괴력입니다. 핵사고가 나면 그 피해 영역은 지역, 국가, 대륙 전체에 경계가 없고, 마땅히 도피할 곳이 없다는 데 있습니다. 또한 방사능 물질의 반감기(플루토늄 -239: 2만 4000년, 우라늄 -235: 7억 년)는 당대만이 아니라 후대의 후대, 또 그 후대의 후대에까지 거의 무한대에 이를 정도입니다. 인간의 시간으로 보면 흡사 영원하다고 할 수 있습니다. 이것은 곧 인류와 지구 생태계에 측정할 수 없는 광범위하고 무차별적인 피해를 끼치고 후대에까지 감당할 수 없는 핵폐기물을 유산으로 남긴다는 뜻입니다. 특히 어린이의 경우, 벨라루스의 고멜주에서는 체르노빌 사고가 일어나기 전인 1985년에 건강한 어린이들이 90%였으나 2000년에는 10%에도 미치지 못했습니다. 2004년까지 우크라이나에서 유산과 사산은 약 5만 건으로 추정되고, 한 연구 결과(야블로코프, 네스테렌코 연구)에 따르면 체르노빌 대참사 이후부터 2004년까지 총 사망자는 98만 5,000명으로 추정됩니다(2006년 유럽 의회 녹색당의 체르노빌 20주년 보고서에 따르면 사망자 수는 최소 20만 명에 이름).

이처럼 위험천만한 핵 발전 정책이 세계적으로 관철되었던 이유는 잘 알려진 바와 같이 원자력은 안전하고(안전성 신화), 깨끗하고(청정성 신화), 싸다(경제성 신화)는 신화에 근거하고 있습니다. 그러나 이런 신화는 국제원자력기구(IAEA)를 비롯해 핵산업계, 정부 및 핵 관료, 과학자, 언론 등 이른바 진실을 감추는 원전 마피아들이 쳐 놓은 죽음의 덫입니다. 원전 마피아들은 무엇보다 윤리적인 고려를 하지 않고, 기술을 맹신하며, 핵 발전 정책의 선택에서부터 운영에 이르기까지 투명하지 않아 민주주의와 상응할 수 없다는 데 문제가 있습니다.

우리나라는 이미 21기의 핵 발전소를 가동하고 있는 중이고, 건설하고 있거나 계획 중인 것을 포함하면 총 34기를 보유하게 됩니다. 더욱이 핵 발전소 밀집도가 세계에서 가장 높아 만에 하나라도 핵사고가 발생하면 사태는 통제할 수 없는 재앙 속에 빠지게 될 것입니다.

핵과 평화는 결코 서로 양립할 수 없다는 것이 우리 그리스도인의 입장입니다. 이것은 지금까지 핵과 관련된 세계의 모든 정책이 보여 준 바이기도 하며, 오늘과 내일의 인류와 지구 생태계에 돌이킬 수 없는 재앙 덩어리를 안겨 주는 것이나 다름없기 때문입니다. 따라서 우리 그리스도인은 정부가 핵 발전소를 폐기하고 대안 에너지정책을 추구하도록 촉구해야 합니다. 이미 스위스는 단계적인 탈핵을 선언했고, 독일은 2022년까지 핵 발전소를 완전히 폐쇄한다는 정책을 채택했습니다. 더 이상 체르노빌이나 후쿠시마와 같은 죽음의 땅이 고리, 영광, 울진, 월성에서 재현되지 않도록 하는 것은 한시도 지체하거나 미룰 수 없는 일입니다.

광주평화방송, 2012년 6월 4일

정의 없는 국가는
강도떼다

동서양을 막론하고 국가 운영의 사상적, 정치적 근본 원리가 정의를 통한 공공성 추구와 공동선 실현이라는 점에서 서로 별반 다르지 않습니다. 그런 만큼 국가를 사적 욕망을 충족시키는 수단으로 여기거나 국가 권력을 사유화하려는 유혹에 대해서 대단한 경계심을 표한 것도 한결같습니다. 일찍이 난세를 살았던 맹자는 "군주가 사적 이익을 추구하면 서민에 이르기까지 누구나 이익을 다투게 되고, 결국 그 국가는 위태롭게 된다."라고 하면서 국가 운영 원리로 인(仁)과 정의(義)를 설파했습니다. 아우구스티누스 성인 역시 이민족에 의한 로마제국 침탈과 로마제국의 패권이 세계를 지배하는 상황을 지켜보면서 쓴 『신국론』에서 "정의에서 멀어진 국가란 거대한 강도떼가 아니고 무엇인가?"라고 신랄하게 반문하면서 정의로운 질서를 구축하는 것이 곧 국가의 일이라는 것을 분명히 강조합니다. 왜냐하면 국가는 어떤 사적 이익 집단의 것이 아니라 공공의 것(res publica)이요, 국민의 것(res populi)이기 때문입니다.

우리나라 헌법이 "대한민국은 민주공화국이요, 주권은 국민에게 있고, 모든 권력은 국민으로부터 나온다."(제1조)라고 천명한 것도 국가에 대한 동서양의 보편적 이해와 무관하지 않을 것입니다. 그럼에도 우리는 마치 사적 이익을 추구하는 집단이 사유물을 다루듯이 파행적으로 수행하는 국가 운영의 면면들을 일상적으로 바라보게 되었습니다. 공익의 대표자요, 국민 전체에 대한 봉사자(검찰청법, 제4조)인 검찰은 그에 아랑곳하지 않고 스스로 국가 권력의 하수인 노릇을 즐기거나 사적 이익을 추구하는 위험한 권력 집단이 되어 국민들의 신뢰를 저버리는 일을 식은 죽 먹듯이 합니다. 소통 불능의 권력을 쥔 이들의 대변인이 되어 정론을 펴고자 하는 구성원들의 의지에 제대로 된 말이 아니라 칼을 들이대는 언론 권력자들 또한 사유화된 언론 권력에 대한 부끄러움을 잃어버리고도 활보하고 있습니다(MBC, KBS, YTN, 연합뉴스, 『부산일보』등). 정의가 없는 국가와 사회에서는 부끄러움도 없다는 것을 확인해 주는 듯합니다.

또한 합리적 절차와 민주적 통제력을 상실한 국가 권력은 국민을 상대로 분란을 일으키는 주범이 되고, 국민을 공권력이라는 폭력의 발아래 무릎 꿇게 하는 일도 허다합니다(4대 강 사업, 제주 해군 기지 건설, 청와대의 민간인 사찰, 인터넷 감시 국가 등). 남북한 평화적 관계를 구축하고 통일을 지향해야 하는 국가의 과제(헌법 제4조)는 대립과 적대 이데올로기가 된 세력들의 감정적, 냉전적 불장

난에 스스로 압도당한 국가 통치자에 의해 군사적 긴장으로 대치되고, 그만큼 한반도의 평화는 불투명해지고 있습니다. 21세기의 주권 국가로서가 아니라 강대국의 입김에 휘둘리고 좌충우돌하는 국가의 처지를 도리어 자랑스럽게 여기는 이들이 말하는 국격은 참으로 구차스럽습니다(대미 관계 등). 국민들의 비판에 대한 합리적이고 냉철한 성찰은커녕 오히려 국민을 상대로 한 소송에 분주하거나 법적 대응만을 모색하는 국가 기관들의 태도는 국가와 그 제도들의 존재에 대한 근본적 회의와 물음을 던지지 않을 수 없게 합니다(PD수첩의 미국산 쇠고기 광우병 보도에 대한 정부의 소송, 김지연의 해군 해적 발언에 대한 해군의 고소 등). 사회적 약자들이나 경제적으로 어려운 이들의 삶을 우선적으로 살피는 국가(「백주년」, 10항 참조)가 아니라 1%의 부유한 이들을 위한 세계를 구성하고 확대하는데 앞장선 국가를 누가 과연 강도떼가 아니라고 할 수 있겠습니까. 결코 한 민족과 주변 세계에 속한 인간의 미래를 그 누구도 책임지거나 보증할 수 없으면서도 핵 발전소를 흡사 기쁜 소식처럼 전하는 위험한 국가를 누가 추종할 수 있겠습니까. 과연 이 모든 일들이 국가의 이름으로 강도짓을 하는 것과 무엇이 다르다고 할 수 있겠습니까.

국가는 결코 신성시할 존재가 아닙니다. 국가는 정당한 권리와 인권, 생존권과 안정적인 삶을 향유해야 하는 인간보다 앞서거나 그 위에 존재하는 것이 아닙니다(「백주년」, 11항; 간추린 사회교리, 388항 참조). 국가가 존재하는 까닭은 정의로운 질서를 필요로 하는 인간을 위한 것이지(「사목헌장」, 74항; 「하느님은 사랑이십니다」, 28-29항; 「진리 안의 사랑」, 6-7항 참조), 인간이 국가 제도를 위해 존재하는 것은 아닙니다. 그리고 국가 제도는 보다 정의롭고 공동선을 위하는 방향으로 끊임없이 발전되어야 합니다. 이를 위해 투신하는 것이 곧 한 국가에 속한 시민이나 더 근본적으로 하느님 나라에 속한 그리스도인의 근본 과제입니다.

광주평화방송, 2012년 3월 19일

대한민국 헌법에는
사상의 자유가 없다

  한 나라가 진정 자유로운 나라인가를 가늠할 수 있는 중요한 요소 중의 하나는 사상의 자유입니다. 마음껏 생각할 수 있는 권리, 그리고 생각을 마음껏 표현할 수 있는 권리는 그 누구도, 국가 권력도 침해할 수 없는 인간 자유의 본질에 속한 것입니다. 이런 의미에서 사상과 관련해 근본 문제는 어떤 사상인가가 아니라 한 개인이든 국가이든 사상의 이름으로 타자를 배제하고 억압하는 폭력인가 아닌가 하는 것입니다. 따라서 사상 문제에서 가장 위험한 것은 누가 어떤 사상을 지녔는가가 아니라 다르다는 이유로 사상을 억압하고 폭력적으로 다루는 것입니다. 사실 사상의 이름으로 다른 사상의 자유를 억압하는 것은 인간 역사에서 언제나 불행을 초래했을 뿐이며, 그 사상은 결국 인간 세계에서 보편적으로 환영받지 못했습니다.

  그러고 보면 우리나라 헌법에 사상의 자유가 명시되어 있지 않다는 것은 우리 사회 안에 사상의 이름으로 언제든 타자를 억압하고 배제하는 폭력이 도사리고 있다는 뜻이며, 사실상 끊임없이 그래 왔습니다. 특히 국가와 안보라는 명분으로 사상의 자유를 억압했던 분단 이후의 역사는 일종의 타자에 대한 배제와 폭력의 역사였으며, 또 그것은 대개 부당한 국가 권력에 의한 것이었습니다. 북한은 인민 민주주의와 주체사상이라는 이름으로 사상의 통제와 인민 탄압이 이루어졌다면 남한의 자유 민주주의는 억압하고 통제하는 독재의 상징으로 작용했습니다. 사실 이 둘은 인민과 주체 그리고 자유라는 이름의 보호색을 띠고 사실상 인권과 자유를 탄압했다는 점에서 서로 근본적으로 다를 바가 없습니다. 그리고 요즈음 뜨겁게 달아오르고 있는 친북 및 종북 논쟁도 실은 이런 토양에서 자라난 이른바 자기 분열적인 사상논쟁 다름 아니며, 남북분단의 불행한 역사가 우리 사회에서 여전히 폭력의 유전자로 작동되고 있다는 것을 생경하게 보여 줍니다.

한 사상의 우월성 내지는 독점적, 배타적 권위를 바탕으로 생각의 자유와 표현의 자유를 통제하거나 제압하려는 시도는 그 사상 체계의 허약한 체질을 반증하는 것 다름 아니며, 결코 보편적 공감을 얻을 수도 없고, 또 그런 만큼 언제든지 폭력의 얼굴로 돌변할 가능성이 큽니다. 이것이 곧 우리가 북한의 인민 민주주의와 남한의 자유 민주주의의 실체가 현실 세계에서 어떻게 구체화하는지를 눈여겨보고, 비판적으로 바라보아야 할 이유입니다. 우리가 사는 21세기의 건전한 상식에서 볼 때, 인민의 인권도 자유도 허용하지 않는 북한 권력의 자기 분열적인 사상체계가 여전히 호흡하고 있다는 사실이 도무지 설명이 되지 않는 것과 마찬가지로 우리 남한 사회에서 일상적으로 벌어지고 있는 사상 검증 내지는 사상의 자유를 억압하려는 자유 민주주의의 민낯도 그리 자랑스럽지만은 않습니다.

이를테면 지난 2010년 국무총리실(산하 한국농촌경제연구원)이 미국 쇠고기 수입 반대 촛불 시위와 관련해 정부에 비판적이었던 사람들만을 골라 '촛불 시위에 관한 입장 변화 여부'를 물었던 것만 해도 부적절한 사상 검증과 다름이 없습니다. 또한 2010년 국방부가 지정한 23권의 금지 서적에 대해 불온성 판단도 없이 합헌 판결(2010년 10월 28일)한 헌법재판소나 최근 불온서적 독서를 금지했던 국방부 장관의 행위를 금지 도서의 불온성 여부에 대한 판단 없이 적법하다고 판결(2012년 5월 31일)한 서울중앙지법 민사 33부 역시 우리 대한민국의 불합리한 자유 민주주의의 현주소를 남김없이 보여 주는 사례일 것입니다. 이런 사례들이 어디 그뿐이겠습니까. 천안함 사건에 대한 합리적 의심마저도 체제 부정으로 덮어씌우려는 국가 권력의 자유 민주주의는 대한민국의 얼굴에 스스로 먹칠을 하는 것과 다르지 않습니다. 배타적인 국가관으로 사상의 자유를 제압하려는 모든 시도야말로 참으로 불온하고 위험합니다.

사상의 건전성은 차이의 배제가 아니라 차이에 대한 관용에 있습니다. 사상의 이름으로 폭력을 휘두르는 것이 아니라 비폭력에 있습니다. 참다운 사상의 힘은 폭력적 제압이 아니라 소통과 대화에 있습니다. 보편적 설득력을 상실하고 전체주의적이고 획일적인 강제로 구축된 사상은 그야말로 사상누각일 뿐입니다.

우리 대한민국 헌법에 '사상의 자유'가 없다는 것은 불행한 일입니다. 설령 그렇더라도 사상의 자유를 선언한 '세계 인권 선언'(제18조)이나 우리나라도 비준해 국내법과 동일한 효력을 지닌 '시민적·정치적 권리에 관한 국제규약'(제18조 1항)에 의거해서 사상의 자유는 확고하게 보호되어야 할 것입니다. 더 나아가 우리나라 헌법에서부터 사상의 자유가 제자리를 찾도록 하는 것은 우리가 반드시 해야 할 일입니다.

광주평화방송, 2012년 6월 12일

시대착오적인
정부의 국민 안보 의식 여론 조사

올해는 우리 조국이 분단된 지 67년째 되는 해이며, 6.25 한국전쟁 62주년입니다. 분단과 전쟁은 우리 현대사의 첫 장을 피로 붉게 물들였고, 그 흔적은 오늘에 이르기까지 우리 민족의 심장 속에 깊은 고통과 상처로 남아 있습니다. 이에 아랑곳하지 않고 현재 남북이 평화와 통일, 공생의 길을 찾기보다는 냉전의 섬으로 더욱 치닫고 있는 상황은 7,000만 민족의 존엄성이나 이익과는 무관하게 남북한 양 정권과 그의 기득권 세력이 이른바 '분단 체제'를 극복하려는 의지가 없다는 데 근본적인 원인이 있습니다. 이 점은 특히 남북한 공히 2000년의 6·15 공동선언이나 2007년의 10·4 선언을 실행하려는 적극적인 의지의 결여 내지는 그에 대한 의도적인 무시에서 확인할 수 있습니다.

분단 체제는 남북한 "양쪽의 기득권층이 상대방을 적대시하면서도 그 적대 관계로 인한 전쟁 위험으로부터 자신들의 반민주적 특권 유지의 명분을 끊임없이 공급받는 체제"(백낙청)를 의미합니다. 또한 분단 체제는 한반도의 평화를 구축하고, 주변 강대국으로부터 우리 민족의 자주성을 확보하며, 남북이 공생의 삶을 형성해 가는 데 근본적인 장애로 작용하고 있습니다. 따라서 분단 체제의 극복과 한반도의 평화적 통일을 위한 노력은 우리 민족의 엄중한 사명입니다. 이를 위해 우리 헌법이 "대한민국은 통일을 지향하며, 자유민주적 기본 질서에 입각한 평화적 통일정책을 수립하고 이를 추진한다."(제4조)라고 명시한 것도 그런 연유일 것입니다. 또한 정부와 대통령은 이런 헌법정신에 기초해 조국의 평화적 통일을 위해 가능한 모든 힘을 쏟아야 합니다(헌법 제66조 3항; 제69조 참조).

그런데 행정안전부가 어제 발표한 '국민 안보 의식 여론 조사'(2012년 6월 25일)를 보면서 저는 이명박 정부가 헌법준수 의지는 물론이고 우리 민족의 통일을 위한 의지 또한 털끝만큼도 없다는 것을 재차 확인했을 뿐입니다. 남북 관계를 벼랑 끝으로 치닫게 한 한 원인이 된 이명박 정부야 워낙에 그렇다 하더라도 우리 남한의 북한 인식은 크게 우려스럽습니다. '북한에 대한 이미지'를 묻는 항목에서 성인의 52.6%와 청소년의 46.1%가 북한을 '경계하고 적대할 대상'으로 생각하고 있다는 것은, 그동안 남북한의 군사적, 적대적 대결 구도가 끼친 영향을 고려한다 해도, 한반도의 평화 통일 기반을 구축하는 데 갈 길이 요원하다는 것을 말해 주는 듯합니다. 이외에도 '북한의 무력 도발 가능성', '북한의 무력 도발

시 남한의 대응 수준', '남북 관계와 관련된 우리 사회 내부의 분열과 갈등 수준 그리고 그것이 안보 정책에 미치는 영향' 등에 관한 설문으로 이루어져 있는데, 이 설문 조사는 민족 통일의 조건형성과 평화 추구와는 거리가 멀다는 점에서 시대착오적이고, 오히려 분단 체제를 강화하는 안보 의식으로 작용할 가능성이 크다는 점에서 시대를 역행하는 발상이라고 여겨집니다.

이런 상황에서 우리 그리스도인은 누구보다도 분단 체제를 극복하고 남북한의 평화를 증진하며 공생의 통일한국을 이루는 데 선구적 역할을 해야 합니다. 이를 위해서 진정 필요한 것은 대결적, 적대적 안보 의식이 아니라 확고한 평화 의식입니다. 평화 의식을 통한 평화의 증진 활동은 교회와 그리스도인의 세상 구원 사명의 필수적인 차원이기 때문입니다(간추린 사회 교리, 516항 참조). 남북한 평화는 우선 인간의 존엄성을 존중하고 형제애를 실천하는 것으로부터 비롯됩니다(사목 헌장, 78항 참조). 인간의 존엄성을 존중하지 않는 인권의 존엄성은 허구입니다. 그런 의미에서 우리 그리스도인은 북한 민중의 존엄성을 위한 민족애와 형제애 실천을 위해 정부가 발 벗고 나서도록 촉구해야 할 뿐만 아니라 교회 차원에서도 끊임없는 노력을 다해야 할 것입니다.

광주평화방송, 2012년 6월 26일

종북,
맹목과 맹신이 낳은 말

김지하와 노쇠한 언어의 권력

시대가 음습하니 말 또한 어지럽고 사나워졌다. 사나운 말들이 폭주하고 횡행하는 시대에 시인조차 독초로 무성한 언어를 경계하지 않으니 참으로 고약한 일이다. 한때 김지하의 붓끝에서 나오는 언어는 세상의 모든 난폭한 권력을 쩍 갈라놓을 정도로 풍자와 해학으로 가득 차 있었다. 그리고 그의 세월 역시 굽이굽이 흘렀다. 시인의 언어는 그가 살아온 세월만큼이나 노쇠해졌고, 언젠가부터 권력이 되어 있었다. 노쇠한 권력이 된 그의 굽은 언어에도 풍자와 해학은 여전했다. 그것이 음습한 권력이 아니라 국민을 향해 있다는 것 말고는. 그의 풍자와 해학이 국민을 '종북 세력'으로 일갈하는 것으로 마침내 미학적 절정에 이르렀을 때, 그가 저항했던 권력마저 그의 언어에 고분고분해졌다.

맹목과 적대의 권력이 낳은 말 '종북'

언젠가부터 '종북'이라는 말이 우리의 언어를 구속하고 정신세계를 통치하는 못된 권력의 선동 언어 내지는 전위적인 언어가 되었다. 누구보다도 자유로울법한 시인의 언어와 정신세계마저 현혹시킬 정도이니 그 위세는 가히 떵떵거릴 만하다. 대체 무엇이 이런 괴팍한 언어를 낳게 했을까. 남북한의 분단 현실? 엄연한 현실이긴 하나 분단 체제로 인해 고통을 당했던(당하고 있는) 이들은 언제나 남북한의 힘없는 사람들이었으니 그 해석만으로는 뭔가 부족한 듯하다. 이른바 도처에 존재하는 종북주의자들 때문? 허나 대한민국을 위험에 빠뜨렸던 이들은 그들이라기보다도 음지에서 공포와 공안 정치를 꾀했던 사람들이 아니었던가. 역사적, 민주적 정통성이 희박했던 지배 세력이 생존과 정권의 정당성을 확보하기 위해 간계를 부려 '빨갱이'에서부터 '종북주의'에 이르기까지 적대 세력을 끊임없이 (재)창조하지 않았던가.

종북이라는 말이 이토록 횡행한다는 것은 타자에 대한 적대성과 배타성에 깊이 뿌리내린 우리 사회의 민낯을 적나라하게 보여 주는 것이며, 우리의 언어와 정신세계가 근본적으로 '왜'라는 물음을 상실했다는 것을 입증한다. 왜라는 물음을 잃어버린 사회에서는 종북과 같은 적대와 배제의 언어가 호황을 누린다. 그러나 실상 종북 타령은 현실 권력이 스스로 민주적 정통성과 자유로운 소통의 힘을 잃어버렸다는 데서 생겨난 두려움과 초조함을 거칠게 보여 주는 것일 뿐이다. 또한 그것은 우리의 일상 언어와 정신 세계가 피폐해지고 정치도, 언론도, 역사도, 학문도 모두 한결같이 구차해졌다는 반증일 따름이다.

맹목과 맹신이 낳은 인간의 수난사

한 사회가 더 이상 왜라고 묻지 않거나 왜라고 묻는 자유를 배척할 때 종북과 같은 맹목과 맹신의 말이 우후죽순처럼 솟아난다. 맹목과 맹신의 본질은 타자의 삶을 무자비하게 파괴한다는 데 있다. 인간 수난의 역사는 언제나 터무니없는 맹신과 맹목으로부터 비롯되었다. 예수의 수난사가 바로 그렇다. 당대의 종교 권력자들과 정치권력자들 그리고 그들을 맹목적으로 추종했던 군중들은 예수를 처형시킬 만한 털끝만 한 잘못도 죄목도 찾지 못했다. 그럼에도 그들이 애초부터 예수를 못마땅하게 여기고 배척하고자 결단했던 것이 무고한 인간 예수를 십자가라는 극형에 처하지 않았던가. 예수의 수난사에서부터 20세기 유다인 수난사, 그리고 오늘날의 팔레스타인 수난사에 이르기까지 무고한 인간의 수난사는 오로지 적대성을 근거로 한 맹목과 맹신이 빚어낸 결과였다고 해도 과언이 아니다.

설령 현실 권력이 종북이라는 수사로 맹목적이고 무차별적인 권력의 창끝을 감출 수는 있어도 왜라는 말로 표출되는 인간의 비판적인 사유와 자유를 결코 제압할 수는 없다. 왜라는 말은 인간이 창조한 가장 자유로운 말이요, 그런 만큼 인간의 그 어떤 주의·주장의 눈치도 살피지 않고, 모든 형태의 편견·오해·차별·배제의 언어에도 속박되지 않으며, 그 누구도 그 어떤 권력도 꺾을 수 없는 인간의 근원적인 자유를 표명하는 것이기 때문이다. 왜라고 묻는 인간의 자유는 모든 뒤틀린 언어를 의문시함으로써 정신세계를 제자리로 돌려놓는 힘이 있다는 데 그 위력이 있다. 그러나 왜라는 성찰적 물음이 사라지거나 배제된 사회에서는 민주주의도 정치도, 역사도 학문도, 종교도 온전할 수 없으며, 궁극적으로 인간의 수난 역사를 종식시킬 수도 없다.

『가톨릭신문』 2013년 10월 13일

군대는 왜 있는가

군대는 인간 집단 사이의 갈등과 경쟁, 위협과 적대가 얽혀 있는 곳에서 어떤 형태로든 항상 존재했고, "칼을 쳐서 보습을 만들고 창을 쳐서 낫을 만들기"(이사 2,4) 전까지는 인간의 야만성과 폭력성을 끊임없이 합법화하는 신화로 남아 있을 것입니다. 따라서 군대가 왜 존재하는지를 묻는 것은 웃음거리가 될 일이지만, 그럼에도 이 물음 없이는 인간의 공존과 평화, 인권을 말하기는 불가능할 것입니다. 왜냐하면 이 물음의 합리적 비판을 벗어난 군대의 존재는 한 국가의 안보와 국익이라는 관점에서 절대적으로 신성시될 것이며, 군대 사회에서 인권은 계급보다 낮다는 논리가 부당하게 정당화될 것이기 때문입니다.

특히 MB 정권이 들어선 이후 군대에서 가혹 행위와 구타가 해마다 더욱 늘어가는 추세라는 점도 우려스럽지만,[27] 군인이 마치

---

27) 문형숙, "가혹 행위 징계자 +2600명", 2011년 국정감사, 2011년 9월 19일(수정 2019년 10월 20일), https://www.hani.co.kr/politics/defense/496928

정권의 사병(私兵)처럼 여겨지는 현실에 대해서는 적절하고도 비판적인 통제가 필요합니다. 이를테면 국방부가 2008년 아동작가 권정생의 산문집인 '우리들의 하느님'을 포함해 23권의 불온서적을 금지한 퇴행적 조치라든지, 최근 육군 6군단의 〈나는 꼼수다〉와 같은 정부 비판적인 방송에 대한 삭제 지시(육군 6군단장 공문: 2012년 1월 17일)와 그로부터 빚어진 논란에 대한 대응으로 이루어진 국방부 장관의 언론 제보자 색출 지시, 그리고 그에 뒤따른 6군단 6포병여단에 소속된 모든 간부의 통화 내역과 스마트폰 검열과 같은 일련의 사건은 합리적 통제력을 벗어난 군 권력층이 스스로 군대를 국민의 것이 아니라 정권의 사병으로 여기고 있음을 반증할 뿐입니다.

이런 상황에서 국방부 지정 금지 서적 23권의 불온성 여부에 대한 판단 없이 국방부의 불온서적 금지를 불합리하게 합헌으로 판결(2010년 10월 28일)한 헌법재판소나 군인의 정신적 자유와 알 권리를 심각하게 침해한 군 휴대폰 검열에 대한 직권조사를 거부한 국가인권위원회의 처신은 군대를 정권의 사병으로 만드는 데 한몫을 보태고 있다는 비판을 면하기 어려울 것입니다.

한 국가가 최소한 방어의 차원에서 평화를 유지하기 위해서 군대를 필요로 한다면 이는 정권의 안위를 위해서가 아니라 국민의 군대로 철저하게 자리매김되어야 합니다. 이런 맥락에서 국익과 국가 안보를 신성시하는 세력들이 2012년 4월로 예정되었던 전시 작전 통제권 환수 연기를 적극 환호한 것에 대해 의아해하지 않을 수 없으며, 한 주권 국가 시민의 관점에서 볼 때, 그들의 대미 종속적 안보관이 심히 의심스러울 따름입니다.

또한 양심적, 종교적 병역 거부자들에 대한 대체 복무제 실시를 적극적으로 추진하려는 의지가 한층 무르익어 가다(2005년 국가인권위원회의 대체 복무제 도입 권고 결정, 2007년 국방부 종교 이유 병역 거부자에 대한 대체 복무 허용 방안 추진 계획 발표 등) 현 정권 들어 백지화되고, "정당한 사유 없이 입영하지 아니한 경우에는 3년 이하의 징역에 처한다."라는 병역법(제88조 1항 1호)에 대한 위헌법률 심판 제청에 대해 헌법재판소가 합헌결정(2004년 8월 26일; 2011년 8월 30일)을 내린 것도 평화와 인권에 대한 보편적 가치를 제대로 수용하지 못한 것이라 하지 않을 수 없습니다. 징병제를 실시하고 있는 90여 개 국가 중에 이미 40개국이 대체 복무제를 도입하고 있는 세계적인 추세도 눈여겨보아야 하지만 "양심의 동기에서 무기 사용을 거부하는 사람들의 경우를 위한 법률을 인간답게 마련하여, 인간 공동체에 대한 다른 형태의 봉사를 인정하는 것이 마땅하다."(사목헌장, 79항; 간추린 사회 교리, 503항; 가톨릭교회교리서, 2311항 참조)는 교회의 입장은 확고하게 지지되어야 할 것입니다.

아울러 현재 무력한 강정마을 주민들을 대상으로 마치 전쟁을 치르듯이 이루어지고 있는 제주 해군 기지 건설 문제는 저항력이 없는 자연에 대한 무모한 폭력과 더불어 한반도의 평화 문제를 근본적으로 성찰해야 할 과제를 시급하게 제기하고 있습니다. 엄밀한 의미에서 세상에 평화를 위한 군대는 없습니다. 오히려 군대는 인간 공동체의 평화를 위협하는 잠재적, 현실적 공격 본능과 같은 것일 뿐입니다. 제주의 해군 기지 건설이 심히 우려스러운 것은 바로 그런 까닭입니다. 곧 제주의 해군 기지 건설은 국가 안보와 국익이라는 명분과 달리 이미 평화로웠던 마을 공동체 사람들의 삶에 깊은 상처를 남겼거니와 결국 자연의 파괴와 함께 동아시아의 평화를 항구적으로 위협하는 요인으로 작용할 가능성이 크기 때문입니다.

군대가 정권 안보와 국민을 고려하지 않는 국익을 설파하는 세력들의 안위를 위해서 있지 않고, 또 적어도 평화와 생명과 인권을 훼손하지 않도록 촉구하는 것은 우리 그리스도인의 복음화 사명과 무관하지 않습니다. 군대는 왜 있는가? 이 물음은 평화와 인권을 증진하고자 하는 그리스도인의 근본 물음이며, 인간 삶의 진정한 안위를 추구하는 한 결코 가볍게 여길 수 없는 물음입니다.

광주평화방송, 2012년 3월 12일

군사 주권,
무능한 장수들에게 맡길 수 없다

　한 나라가 진정 독립된 나라로 존립하기 위해서는 나라의 주권이 모든 면에서 확고히 수호되어야 합니다. 그런데 우리나라는 최소한 일제 강점기에서부터 지금까지 주권 국가로서의 면모를 온전히 지녀 본 적이 없다고 해도 과언이 아닐 것입니다. 부끄럽기 짝이 없는 일입니다. 무엇보다도 요사이 새롭게 논란이 되고 있는 전시 작전 통제권 환수 문제는 우리나라의 군사 주권이 여전히 미국의 품을 벗어나지 못하고 있다는 현실을 말해 주고 있으며, 그만큼 자주적인 국방은 요원한 듯합니다.

　지난 3월 박근혜 정부는 2015년(12월 1일)으로 예정되어 있던 전작권 환수를 또다시 연기하는 제안을 내어놓았습니다. 전작권은 한미 양국이 2012년(4월 17)에 환수하는 것으로 합의한 바 있으나 MB 정부가 2015년에 환수하는 것으로 한 차례 연기했습니다. 그리고 다시 박근혜 정부는 아무런 공론화 과정도 거치지 않고 슬그머니 전작권 환수 연기를 제안했습니다. 무능했던 이승만 정권이 6.25 전쟁 초기에 (1950년 7월) 전작권을 미국에 헌납한 이후 60년 이상이 지난 오늘날까지 군사 주권을 온전히 되찾지 못하고 있으니 도대체 우리나라가 정상적인 주권 국가인가 하는 의문이 듭니다. 그 많던 꼿꼿한 장수들과 군부는 지난 수십 년 동안 도대체 무엇에 그리 열중했을까요? 미국의 힘과 군사력을 믿고 자기 보신과 출세만을 위해 살았던 무능한 장수들이 전작권 환수 요구는 감상적인 것이라고 하는 말을 언제까지 지겹게 되풀이해 들어야 하는 것일까요? 그 모든 것이 북한의 핵무기 위협 때문이라는 논리는 과연 언제까지 군부의 무능을 감추는 방패막이 되어야 하는 것일까요? 공식적인 통계만 보더라도 우리나라의 무기 수입은 세계 2위입니다. 군비 지출은 세계 12위로 한해 국방예산이 무려 36조에 달하는데, 이는 북한보다 무려 33배나 많은 것입니다. 그럼에도 독자적인 군사 주권을 확보할 만한 실력을 쌓지 못했다니 한심하기 짝이 없습니다. 국가 안보라는 이름으로 숱한 무고한 사람들의 삶을 송두리째 파괴했거나 그에 방조했던 안보주의자들은 여전히 옹색한 궤변만을 늘어놓고 있을 뿐입니다. 말끝마다 신뢰를 내세우는 박근혜 대통령이 대선 때 공약했던 차질 없는 전작권 환수는 그야말로 헛된 선전에 불과했던 것일까요?

쿠데타로 정권을 부당하게 차지하고, 오랜 독재정치로 국민의 삶을 억압하고 민주주의를 유린했던 군부 세력들이 국가 안보가 아니라 오로지 정권 안보와 자기 보신을 위해 힘써왔던 것이 오늘날 전작권조차 독립적으로 운영할 수 없는 무능한 결과를 낳았다고 해도 염치가 있다면 할 말이 없을 것입니다. 수많은 젊은 사병들이 허무하게 바닷속에 수장되어 목숨을 잃었어도 상식적인 해명조차 속 시원하게 하지 못하는 장수들에게 나라의 군사 주권을 맡겨 놓는 것이 과연 미더운 일인지 의심스럽습니다. 남북을 위험천만한 대결 구도의 늪에 빠뜨리는 데는 한 없이 기고만장하지만 정작 평화적, 자주적 안보 주권을 지키는 데는 전문성도 장수의 기개도 지니지 못한 군부를 부끄러워하는 것도 민망할 따름입니다. 그들이 그토록 중시하는 명예를 운운하려면 국민들이 믿고 안심할 만한 실력을 보여 주어야 할 것입니다.

이번에 전작권 환수 문제에 대한 논란이 되풀이되는 것을 바라보면서 궁극적으로 남북의 분단 체제가 개선되기보다는 더욱 고착화될 것이라는 염려가 떠나지 않습니다. 여전히 53년 정전 체제가 지속되고 있는 현실에서 미국의 군사력에 대한 의존과 종속은 남북의 분단 상황을 자주적이고 평화적으로 해소하는 데 근본적인 장애가 될 것이기 때문입니다. 또한 남북의 분단 체제는 국민의 막대한 세금을 전쟁의 위험을 항시적으로 지속시키는 군사력을 유지하고 증강하는데 쏟아붓게 될 것이 명약관화합니다. 이런 의미에서 전작권 회수는 자주적 안보를 위한 시작이 될 것이며, 남북의 분단 체제를 평화 체제로 전환할 수 있는 첫걸음이 될 것입니다. 이런 중차대한 일을 무능한 군부 세력에게 맡긴다는 것은 위험천만한 일입니다. 이러한 군부 출신들이 현재 국방 장관을 비롯해 청와대 국가 안보실장, 국정원장 등 주요 요직을 맡아 국가 안보를 위태롭게 좌지우지하고 있으니, 이것이 곧 우리나라의 자주적, 평화적, 민주적 안보를 저해하는 위험 요소가 아니고 무엇입니까.

광주평화방송, 2013년 8월 6일

세상 속
나그네의 기도

불안 치유의 정치와 종교

불안 치유의 정치?

여야의 주요 대통령 후보자들의 대선 출마 선언문은 그 자체로만 보아서는 감동적인 내용으로 가득 차 있는 것처럼 보인다. 한국 사회의 근본 문제에 대한 진단에서부터 처방까지 정치적 수사로는 크게 나무랄 것이 없는 듯하다. 그럼에도 그들의 절절한 출마 선언문을 읽으면서 위로받고 있다는 느낌은 전혀 들지 않는다. 뭔가 희망을 크게 일으켜 세울 수 있을 정도로 신이 나지도 않는다. 마음 없는 국민 사랑 타령 같은 대선 출마 선언문 따위가 그들의 정치에 크게 상심한 사람들의 멎은 심장을 다시 쿵덕거리게 하기에는 어림없는 일이다.

그나마 대선 후보자들의 출마 선언문에서 눈에 띄었던 것 중의 하나는 모두가 한결같이 대한민국을 불안한 사회로 진단하고, 국민들의 불안한 삶을 해소하는 것이 국가의 역할이요 정치가 풀어야 할 과제로 삼고 있다는 점이다. 민초들의 기본적인 삶과 살림살이가 근본적으로 위협받고 있다는 공통된 인식은 다행스러운 것이긴 하지만 이마저도 정치가들의 언어는 다만 신기루일 뿐이라는 점을 증명하고 있을 따름이다. 민생은 불안의 폭염 속에서 숨을 못 쉴 지경이지만 대선 후보자들은 여전히 민생현실과 거리가 먼 자기 욕망의 대선 행보를 하기에만 바쁘기 때문이다.

지금 이 순간에도 대한민국 곳곳에서 숱한 사람들의 삶과 꿈이 산산이 부서지고, 벼랑 끝에 매달려 있는 사람들이 넘쳐나는데도 대선 후보자들은 아무런 관심이 없다. 그들이 그토록 중요하다는 사람은 누구를 말하는 것이며, 어떤 이들의 꿈을 말하는 것일까. 대명천지에 사설 경호경비업체(컨텍터스)가 노동의 현장을 폭력으로 지배해도 대선 후보자들 그 누구 하나도 꿈쩍하지 않는다. 대체 그들이 말하는 국가는 어디에 있으며 정치 달인이요 민생 불안의 해결사로 자처하는 이들은 무엇을 하고 있는지 의심스러울 뿐이다. 국회를 비롯해 법원, 검찰, 인권위원회, 언론 등 각계에서 난신들이 염치조차 모르고 활개치는 세상에서 그들이 바로잡고자 하는 정의는 과연 어디쯤에 있는 것일까. 대한민국의 정치가 민생 불안을 치유하는 것은 고사하고 민생 불안의 원인이 되지 않기만 해도 다행이겠지만 이조차도 헛된 희망이 아닌가 싶기도 하다.

정치가 인간 삶의 문제들을 속속들이 해명해 주거나 풀어줄 수는 없지만 그래도 문제는 정치다. 정치는 삶의 안전망을 위한 것이기 때문이다. 삶의 안전망, 곧 공동선과 정의의 안전망이 부실하면 삶은 허물어지고 불안한 사회가 되기 십상이다. 이를테면 경제민주화와 관련해서 핵심적인 것은 노동의 존엄성 보호와 경제 질서의 정의인데 이를 그저 시장 권력에만 맡겨 둘 수는 없는 일이다. 이는 마치 탐욕스럽게 먹어 치우는 고양이에게 생선을 맡겨 놓는 것과 같으며, 현실적으로 정치 없이 해소할 수 있는 길은 없다. 아무튼 오늘날 삶을 불안하게 하는 근본 문제가 민생의 살림살이(보육, 교육, 주거, 취업, 고용, 건강, 노후 등)와 관련된 것이기에 경제정의를 위한 대선 후보자들의 기본 철학이 무엇이며, 어떤 정책으로 이를 풀어내고자 하는지를 눈여겨 볼 일이다. 어떤 후보가 그에 적절한지를 냉철하게 분별해 대통령을 뽑는 것은 삶의 안전망을 우리 손으로 직접 구성하는 것과 같은 행위이기 때문이다.

치유의 종교를 위해

여야의 대선 후보자들이 삶의 불안 해소에 국가 운영의 초점을 맞추고 그 원인을 제거하려는 의지는 적어도 환영받을 일이지만 그것은 대체로 사회경제적 문제와 관련되어 있다. 이 지점에서 한국 사회 안에서 종교의 역할을 생각해 보아야 한다. 종교가 사회

경제 정의를 직접적으로 해결할 가능성과 능력은 거의 없는 것과 마찬가지로 정치가 인간의 욕구와 가치를 온전히 정화해 주지 못한다는 것도 틀림없다. 여기서 정치의 종교화나 종교의 정치 권력화와 마찬가지로 탈정치적 종교나 사회성 없는 영성 역시 논쟁할 가치가 없다. 정치와 종교의 역할이 서로 결을 달리한다 해도 둘 다 인간 삶의 맥락에서만 의미가 있다는 점에서 서로 분리시킬 수 없는 차원이 존재하기 때문이다.

인간의 욕망과 인간이 추구하는 가치가 모두 아름다운 것은 아니다. 한국 사회 안에서 사람들이 느끼는 불안한 삶의 근거가 무엇인지를 해명하고 삶의 방향을 성찰해야 하는 과제는 분명 종교의 영역(인문학적 성찰과 더불어)에서 다뤄질 만한 것이다. 오늘날 삶의 사회경제적 불안 요인을 무시하지 않는다고 해도 물음은 여전히 남는다. 과연 우리 삶의 불안이 사회경제적 이유에서만 생겨나는 것일까? 인간의 사회경제적 욕망과 삶의 불안은 서로 기생하는 관계인 것이 아닐까? 물론 인간의 욕망이 순전히 죄악시되어야만 하는 것이 아니라는 것은 두말할 나위가 없다. 문제는 공정과 정의, 공존하는 인간미를 상실한 인간의 욕망이다. 이 욕망의 악순환이 우리 한국 사회의 많은 삶의 영역에서 깊이 자리해 혈맥을 이루고 있는 것은 아닐까. 그리하여 누군가는 그에 대한 의식조차 못하고 불안을 공기처럼 호흡하고, 또 그 누군가는 삶의 불안을 재생산하고 확대하는 욕망을 제도화하는 일에 기여하고 있는 것은 아닐까.

  오늘날 한국 사회에서 종교는 이 물음에서부터 자신의 존재 이유를 새롭게 숙고해야 한다. 인간의 욕망은 욕망의 종교화를 통해 탐욕의 정치를 정당화함으로써 삶의 불안을 야기하고 지속시키기는 원인이기 때문이다. 그리고 종교는 종교화된 욕망을 치유하지 않고서는 결코 치유의 종교로 존재할 수 없다. 그리스도교가 무엇보다도 치유의 종교, 곧 권력과 빵과 명예의 탐욕을 치유하는 것으로부터 비롯되었다는 것을 기억해야 한다.

『경향잡지』 2012년 9월호

신 없는 사회?

스스로 삶의 척도가 되어라?

"스스로 삶의 주인이 되고, 척도가 되어라."

척박한 우리 철학의 땅에서 자생하는 들꽃 같은 철학자 강신주의 말이다. 참 멋진 말이다. 더욱이 자발적으로 성취의 노예가 되는 것도 마다하지 않는 오늘날의 우울한 '성과사회'(한병철)에서 얼마나 요긴한 말인가. 강신주는, 사람이 부당한 권력과 자본의 노예로 전락하지 않으리라는 절박한 결기로 단 한 번뿐인 삶의 주인이 되기 위해서는 투철한 자기애를 다져야 하는 것은 물론이고 인간을 노예로 삼는 일체의 외적, 초월적 권위를 거부해야 한다고 말한다.[28] 근엄한 학자들도 떵떵거리는 판검사들도 꼿꼿한 장수들도 인생에 무슨 욕심이 더 이상 남아 있을까 싶은 노객들도 권

---

28) 강신주, 「주인으로 사는가 노예로 사는가」, 『한겨레』, 2019년 10월 19일, https://www.hani.co.kr/arti/culture/book/605936.html?utm_source=copy&utm_medium=copy&utm_campaign=btn_share&utm_content=20251006

력 앞에서 쩔쩔매고 앞을 다투어 몸을 굽히는 세상에서 삶의 주인이 되라는 철학자의 소리는 흡사 광야에서 회개하라고 외쳤던 세례자 요한의 소리처럼 들리기도 한다.

그런데 인간이 역사 안에서 '창조와 심판의 역할을 떠맡으면' 과연 스스로 삶의 주인이 되는 것일까. 사람이 스스로 삶의 척도가 되면 인간도 세상도 정말 더 나아지는 것일까. 척도로서의 인간은 과연 어떤 존재일까. 세상의 모든 독재자는 자신의 생각과 행위를 모든 척도로 삼지 않았던가. 그리고 그 결과는 얼마나 참혹했는가. 강신주의 논리라면 자신을 삶의 척도로 삼는 인간은 정도의 차이가 있을 뿐 독재자의 그것과 무엇이 다를까. 저마다 스스로를 삶의 척도로 여기는 사회는 결국 저 혼자만의 왕국을 구축하고 일체의 타자를 배제하는 냉혹한 지옥과 과연 무엇이 다를까.

내가 믿지 않는 신

나 역시 강신주와 마찬가지로 '인간을 노예로 만드는 일체의 외적, 초월적 권위를 상징하는 신'을 거부한다. 앞에서는 신을 믿는다고 결연히 고백하지만, 뒤에서는 자본과 권력 앞에 흔쾌히 무릎을 꿇고 굽실거리는 이들의 신을 나는 믿지 않는다. 온갖 기름진

말로 신을 찬양하고 떠받들지만 신의 이름으로 정치적, 군사적, 종교적 폭력을 정당화하는 이들의 신을 나는 거부한다. 평화를 얻기 위해 신을 찾지만 정작 신을 몇 평 남짓한 비좁은 성전 속에 가둬 놓는 이들의 평화의 신을 나는 믿고 싶지도 않다. 그러나 나는 인간이 저마다 스스로 삶의 척도가 되어야 한다는 강신주의 말에 대해서는 그가 일체의 신에 회의적인 만큼 회의적이다. 인간을 노예로 만드는 일체의 외적, 초월적 권위를 거부해야 한다면 스스로 삶의 주인이 되어 다른 모든 이를 노예로 만들 수 있는(만들었던) 인간의 절대성은 왜 거부되어서는 안 되는 것일까.

신 없는 사회의 인간?

신을 믿지 않는 사람이 신을 믿는 사람보다 훨씬 더 참다운 사람일 수 있다. "신이 없는 사회가 대단히 점잖고 쾌적한 곳이 될 수도 있다."(필 주커먼) 그리고 신이 인간 역사에서 언제나 문제적 존재였다는 것도 분명하다. 무엇보다도 인간을 노예로 만드는 신은 위험하다. 그러나 신이 없는 사회의 인간은 더욱 위험하다. 인간이 오로지 자신만을 삶의 최종적 근거로 여기는 것은 인간 자신이 거부한 신의 자리를 스스로 꿰차는 것과 다름이 없으며, 결정적으로 삶의 주인이 된다는 것이 무엇을 의미하는지, 또 참인간이 된다는 것은 무엇을 말하는 것인지 대체 누가 알 수 있단 말인가. 오로지 자신(만)을 척도로 삼는 우리 사회와 사회 체계는 결국 힘없는 사람들을 벼랑 끝에 내몰지 않았던가.

예수 그리스도의 하느님

예수 그리스도는 스스로 동시대의 사람들이 생각하는 신이라고 자처하거나 내세운 적이 없다. 그분은 그 누구도 노예로 만들지 않고 오히려 서로 친구 맺기를 원했다(요한 15,15 참조). 그분은 심지어 보잘것없는 사람들로 취급받았던 사람들과 함께 먹고 마시는 일을 꺼려하지 않아 '먹보요 술꾼'으로 조롱받았으며, 힘 있고 근엄하고 점잖은 사람들이 가까이 하기를 피하는 세리나 죄인들까지도 넉넉히 친구로 삼았다(루카 7,34 참조). 그분은 '자신의 노예'로 사는 세상에서 인간을 자유로운 사랑의 관계 속에 사는 존재로 불러내기 위해 한 평생을 다해 살다가 마침내 십자가에 달림으로써 인간이 구상하고 생각하는 모든 신의 관념을 깨뜨렸다. 그분이 보여 주신 하느님은 사람들이 흔히 생각하고 경험하는 신의 저편에 여전히 그렇게 존재할 뿐이다. 예수 그리스도의 하느님은 어찌면 무신론자라고 고백하는 한 작가의 절규와도 같은 기도 속에서 그렇게 존재할지도 모를 일이다.

"신이여, (인간의) 잔혹함의 인자는 대관절 어디에 들어 있습니까?"[29]

『가톨릭신문』 2013년 11월 10일

---

29) 한승원, "한 무신론자의 가을 기도", 광주일보 2013년 10월 30일, www.kwangju.co.kr/article.php?aid=1383058800509565004

세상 속 나그네의 기도

세상의 시간으로 12월은 한 해의 끝자락이다. 그 끝자락에서 교회는 새로운 시간의 의미를 찾는다. 교회의 시간은 '사람이 되시어 우리의 삶 한가운데 오시는 하느님'을 기다리며 깨어 있는 시간으로부터(대림 시기) 시작되기 때문이다.

하느님은 사람이 범접할 수 없는 구중궁궐과도 같은 세계에서 그저 독야청청한 존재로만 머무르시지 않고 삶의 온갖 희로애락이 펼쳐져 있는 인간 세계와 역사 속으로 깊이 들어오셨다. 몸소 고단한 세상 속 나그네가 되는 것도 마다하지 않으신 것이다. 우리가 하느님을 초월적 존재라 일컫는 까닭은 근본적으로 바로 그 때문이다. 인간의 생각과 손이 닿지 않은 저 너머의 존재요 세상의 저편에 존재한다는 뜻의 하느님의 초월성이라는 것도 하느님 스스로 자신만의 건고한 세계를 깨뜨리고 경계를 허무셨다는 데서 비로소 그 의미를 얻을 수 있을 뿐이다. 그렇지 않다면 그 초월성이라는 것이 대체 오늘의 우리에게 무슨 의미가 있겠는가.

그리스도인: 세상 속 나그네

그리스도인의 정체성 역시 세상 속 나그네라는 점에서 찾아야 한다. 그리스도인은 세상 속에서 하느님 나라의 행복(마태 5,3-12 참조)을 살아가신 나그네 예수 그리스도의 발자취를 따라 사는 사람들이기 때문이다.

물론 세상 속 나그네로서 그리스도인 역시 세상사를 떠나 존재할 수도 살 수도 없다는 것은 두말할 나위가 없다. 세상의 사회 체제 및 법 체계, 정치와 경제 체제, 그리고 사상과 이념 체계의 영향을 받고 살아간다는 것도 틀림없다. 그러나 세상의 모든 체제와 체계는 결코 변할 수 없는 절대적인 것이 아니며, 따라서 더 나은 인간세상을 위해서 언제든지 자유로운 비판 앞에 세울 수 있는 것이다. 이것은 그리스도교의 관점(하느님 나라를 추구한다는 뜻에서)에서만이 아니라 세상의 관점(그 누구도 세상의 체제와 체계를 절대화할 수 없다는 뜻에서)에서도 그렇다.

세상의 관점에서도 그리스도교의 관점에서도 세상 속 나그네는 세상의 모든 부조리한 현실뿐만이 아니라 세상의 모든 일상적이고 전문적인 사고 체계와 관념 체계를 의문시하고 비판적으로 바라볼 줄 알며, 더 나아가 더 나은 인간 삶과 세상의 변화를 꾀할 줄도 아는 존재다.

세상 속 나그네의 기도

국정원을 비롯한 국가 기관들의 대선 개입을 부당하게 여긴 사제, 수도자, 평신도들이 마땅하게도 시국선언을 하고 시국미사를 드렸다. 교회 안팎에서 비판이 봇물처럼 터져 나왔다. 시국선언 사제들에 대한 교회 내의 비판이 있다는 것도 엄연한 현실인 듯하다. 그러나 필요하다면 서로 다른 생각을 지닌 사람들과의 대화나 논쟁과 같은 것이 아닐까. 부질없는 교황청 고발 따위와 같은 차원에서 길을 찾는 것은 그리 성숙한 모습으로 여겨지지 않는다.

'침묵하는 다수의 신자들'을 생각하자는 것에 대해 한마디 덧붙인다면 어떤 신자들이 현실의 엄중한 사안에 대해 침묵하는 것이야 자유겠지만 그들의 침묵을 곡해하는 해석은 뭔가 과도하다. 그들은 아무 말도 하지 않았으니 말이다.

또한 교회 밖의 이런저런 전문가들이 나서서 사제들의 처신을 못마땅하게 여기는 것이야 자유로운 민주사회에서 뭐라 할 것인가. 다만 그것이 종북몰이와 같은 맹목의 폭력이 아니라면. 그들이 도대체 천주교에 대한 어떤 식견을 지니고 사제들의 시국선언 행위를 나무라는 것인지 도통 알 수 없으나 굳이 전문성 운운하며 그들의 비전문성을 탓할 정도로 인색할 필요는 없을 것 같다.

더러는 교황님의 강론 내용을 빌어 국정원 규탄 시국선언에 참여한 사제들에게 충고도 아끼지 않는다. '기도는 최고의 정치 개입'[30]이니 기도하라고. '정치 개입이라는 것은 정치가들을 규탄하는 것이 아니라 비록 그들이 사악한 정치인이라 하더라도 좋은 통치를 할 수 있도록 기도하는 것'이라고. 이 충고는 분명히 들을 만한 가치가 충분히 있는 듯하다. 우리의 기도를 시험대에 올려놓고 있으니 말이다.

이제는 우리 그리스도인 모두가 세상 속 나그네의 기도를 증언할 때이다. 마치 예수의 기도가 인간의 심층을 건드리고, 세상의 허구를 드러내 보였던 들불의 기도(주님의 기도)로 세세대대로 활활 타올랐던 것처럼. 그렇게 세상 곳곳에서 타오르도록 하자.

『가톨릭신문』 2013년 12월 8일

---

30) 송평인, 「천주교 시국선언의 일탈」, 『동아일보』, 2013년 9월 26일, https://www.donga.com/news/Opinion/article/all/20130926/57834860/1

그들이 갈 수 있는 곳은 어디에?

　철도의 사유화를 둘러싼 박근혜 정부와 철도노조의 대립이 결국 파국으로 치달았다. 철도 문제는 근본적으로 국민 삶의 질적 토대와 관련되어 있기에 무엇보다도 국민의 공감대를 근거로 의문의 여지 없이 논의될 필요가 있다. 그럼에도 국민의 의사가 배제된 채 정부와 철도노조 사이의 일방적인 논란으로만 축소된 것은 심히 유감스러운 일이다. 국민의 여론을 깡그리 무시한 것도 간과할 수 없지만 철도의 사유화와 그에 따른 공공성 침해에 대한 의혹이 말끔히 해소되지 않은 상황에서 법원과 경찰의 공권력으로 문제를 해결하려는 박근혜 정부의 태도는 성급했다고 볼 수밖에 없다. 박근혜 대통령과 정부 관계자들은 철도 민영화가 아니라고 되풀이하지만 그 말이 신뢰를 주지 못한 이유를 먼저 깊이 살펴봐야 했다.
　철도 노동자들을 두고 철밥통이니 신의 직장 운운하는 것도 공감할 수 없는 선동에 불과하다. 그리 말하려면 국민 세금으로 재산을 불리는 것 외엔 소신도 능력도 없는 정부의 관리들을 비롯해 미더운 일은커녕 국민의 근심거리가 된 국가 기관의 숱한 한량들의 자리부터 단속해야 하지 않았을까.

대통령의 직무만 해도 그렇다. 대통령은 취임할 때 "헌법을 준수하고, 국가를 보위하며 조국의 평화적 통일과 국민의 자유와 복리의 증진 및 민족문화의 창달에 노력하여 대통령으로서의 직책을 성실히 수행할 것을 국민 앞에 엄숙히 선서"(헌법, 제69조)한다. 그러나 박근혜 대통령이 취임 후 1년 동안 이루었던 업적이라면 이 선서의 저편에서 군림하기를 즐기거나 그에 역행했던 것 말고 과연 무엇이 있었던가. 박근혜 대통령은 "국민을 어떻게 하면 모두가 잘 살게 하느냐 하는 생각 외에는 다 번뇌다."라고 정색하지만 정작 자신이 국민의 번뇌의 중심이라는 것을 정녕 모르는 것일까.

박근혜 대통령이 지난 대선 출마 선언문에서 "어떤 국민도 홀로 뒤처져 있지 않게 할 것입니다. 단 한 명이라도 포기하지 않고 같이 갈 것입니다."라고 했던 말은 그 자체만으로도 그 어떤 공약보다도 따뜻한 인간미로 가득 찬 것이었다. 그것이 박근혜 정부의 정치 원칙이 되기를 바라기도 했다. 그러나 그런 기대는 헛된 것일 뿐이었다. 취임한 후 1년 동안의 행보는 대통령의 말이란 도무지 믿을 수 없는 것에 불과하다는 것을 확인해 줄 따름이었으니 말이다. 그 말이 진정성을 지닌 것이었다면 철도 노동자와 어떻게든 함께 가는 길을 찾아야 했다.

"저희가 갈 수 있는 곳이라고는…"

정부와 갈등에 휩싸인 사람들이 자신의 조국의 땅에서조차 마땅히 갈만한 곳이 없다는 것은 도무지 믿을 수 없는 일이다. 그런 일이 오늘날에도 여전히 아무렇지도 않게 일어나고 있다는 것을 차마 믿고 싶지 않지만 엄연한 현실이다. 경찰의 추적에 쫓기는 철도 노동자가 "저희가 갈 수 있는 곳이라고는 오직 여기 조계사밖에 없었습니다."라고 했던 말에 아마도 많은 이들이 안타까움을 금치 못했을 것이다. 그나마 조계사라도 남아 있었으니 고마울 따름이다. 명동성당이 한때 민주화의 성지였다는 기억을 더듬는 사람들도 있겠지만 부질없는 일이다.

정말 중요한 것은 더 이상 부당하게 쫓고 쫓기는 사람들이 없는 세상을 만드는 것이다. 사회적 갈등을 더 이상 국가 폭력이 아니라 넉넉한 인내와 소통으로 해소해 가는 공동체를 건설하는 것이다. 우리 사회의 그 누구, 단 한 사람보다도 더 우월하게, 더 위에 존재하는 허구의 국가이데올로기를 더 이상 허용하지 않는 나라를 세우는 것이 필요하다.

교회는 누구를 위한 곳인가?

교회는 본질적으로 갈 곳이 없는 사람들을 위해 무슨 선심을 쓰듯 자리를 내어주는 곳이 아니다. 교회는 이 세상을 손님처럼 사는 사람들이 살아 있는 동안 잠시 머무는 곳이기 때문이다. 그 누구도 교회의 주인인 양 행세할 수 없다는 뜻이다. 예수 자신도 이 세상에서는 머리 기댈 곳조차 없다 했다(루카 9, 58 참조). 교회는 적대적인 종교와 정치 세계로부터 내쫓기거나 온기 없는 권력과 폐쇄적인 차별을 거부한 사람들이 서로 마음을 부비고 살며, 더 나은 세상을 꿈꾸는 사람들의 연대의 공동체다. 그래서 교회다. 교회는 그런 사람들이 어울려 사는 곳이어야 한다.

『가톨릭신문』 2014년 1월 5일

양극화 덫 속의 한국 사회,
교회 그리고 복음화

경제적, 사회적 불평등과 삶의 양극화

불평등이 우리 삶과 사회를 지배하는 생물학적, 사회적 유전자로 작동한다는 사실은 이제 더 이상 놀랄 만한 일이 아니다. 우울한 묵시록 같은 말일지는 모르지만, 양극화된 삶의 세계에서 불평등은 한 인간의 탄생에서부터 죽음까지 지배한다. 어떤 부모에게서 태어났는가에 따라 삶의 운명이 규정되고, 마지막 죽음의 길까지 불평등은 끈질기게 따라붙는다. 심지어 불평등은 불멸성을 지닌 듯하다. 대물림될 가능성이 그만큼 커졌다는 뜻이다. 또한 불평등을 감수해야 하고 책임져야 할 주체는 바로 자기 자신이라는 사회의 냉정한 메시지는 승자의 삶을 개체화시키거나 사회로부터 분리시키고, 패자의 삶을 배제하고 막다른 골목에 다다르게 한다. 어디에 더 이상 호소할 수 없는 삶은 불평등을 온몸으로 끌어안고 벼랑 끝에 서지만 불평등한 사회는 그 벼랑 끝 삶조차도 옹호하지 않는다. 불평등은 승자이거나 패자이거나 인간을 사회로부터 고립시키고 인간 세계를 동물 세계보다 못난 수준으로 추락시 킨다. 불평등이 빚어낸 삶의 양극화 본질은 바로 여기에 있다.

한국 사회는, 특히 MB 정부가 들어선 후 경제적, 사회적 불평등에 대한 통제력을 사실상 상실하거나 포기했고, 인간 삶은 난폭한 폭주 기관차와도 같은 시장 맘몬(Mammon)을 열렬하게 숭배하는 소수가 다스리는 불평등의 세계 속에 방치된 지 이미 오래다.

MB 정부 들어 사회경제고통지수(소비자물가상승률, 실업률, 소득배율, 범죄율, 자살률로 측정)는 이전 정부들보다 5배 가까이 높아졌다. 소득 상위 1%의 사람들이 2010년 기준 전체 소득 11.5%를 차지하는 사이에, 빈곤층 비율은 20년 전에 비해 두 배 가까이 증가해 (14.73%) 계층의 양극화는 더욱 심화되고 있는 추세다. 노동 시장의 양극화(정규직과 비정규직의 양극화, 고용 방식에 따른 임금 소득의 양극화, 성별에 따른 고용·임금의 양극화)로부터 비롯해 소득의 양극화, 부모 소득에 따른 교육 및 학벌의 양극화는 말할 것도 없고, 이런 양극화 현실은 밥상의 양극화 및 건강과 죽음의 양극화에 이르기까지 깊은 영향을 미치고 있다. 아울러 우리 사회에서 매일 42명 이상이 스스로 목숨을 끊는데, 여기에는 경제적, 사회적 불평등과 깊은 상관관계가 있다는 것도 이미 잘 알려진 사실이다.

이런 맥락에서 최근 영국 BBC가 선진국과 개발도상국 22개국을 대상으로 한 경제적 불공정성에 대한 설문 조사에서 한국인 81%가 '경제적으로 불공정한 사회'라고 응답한 것은 결코 우연이 아니다. 또한 경제협력개발기구(OECD)가 '2012년 OECD 한국 경제보고서'에서 불평등과 상대적 빈곤의 확대를 한국 경제의 당면 문제로 보고 성장과 복지의 조화를 추구해야 할 필요가 있다는 주문을 한 것도 그와 다르지 않다.

정치적, 이념적 양극화

2012년 4월 총선 결과를 보면 우리나라 동서의 정치적 지역색이 확연히 구분되는 것을 재차 확인할 수 있다. 이 가운데서도 특히 영남과 호남의 정치색은 몇 군데를 제외하고는 요지부동이었다. 호남 지역에서는 통합진보당 두 곳(광주 서구을과 순천·곡성)과 무소속 두 군데(광주 동구, 정읍)를 제외하면 민주통합당 일색이다. 영남 지역에서는 민주통합당이 당선된 부산 지역 두 곳(부산 사상구, 사하을)을 제외하면 온통 새누리당이 지배했다. 호남과 영남의 오랜 정치적 양극화는 근본적으로 한국 사회의 통합과 지역의 균형 발전을 저해하고, 두 지역민의 정치적 갈등을 내면화하고 경제적 차이를 고착화시키는 쪽으로 작용했다는 점에서 서로 닮았다. 두 지역의 정치적 획일성 내지는 독점은 그로부터 야기되는 폐해는 말할 것도 없거니와 여태까지 그래 왔던 것처럼 향후에도 한국 사회의 정치발전을 지속적으로 가로막을 가능성이 크다. 더 큰 문제는 이 두 지역의 정치적 획일성과 독점을 타개할 만한 주체가 충분히 형성되어 있지 않다는 점이다. 지금까지 중앙 및 지역 정치 지도자들은 두 지역의 정치적 분단을 강화하면서 향유해 왔고, 앞으로도 그럴 가능성이 짙다는 점에서 희망적이지 않으나 이 구도는 반드시 극복되어야 하는 과제임은 분명하다. 이와 더불어 수도권과 그 외 지방의 지역적 불균형으로 인해 파생된 경제적, 사회적, 문화적 양극화 문제 극복 또한 그에 못지않게 중요할 터이다.

또한 남북분단으로부터 비롯된 남북의 정치적, 사상적, 정서적 양극화 문제의 극복은 여전히 요원한 것처럼 보인다. 주변 강대국의 복잡한 국제적 이해관계가 얽혀 있고, 또 MB 정부와 김정은 체제가 상호 대결 국면을 견지하는 현 정세는 말할 것도 없고 보편적 가치의 차원(인권, 정의, 평화, 민주화 등)에서마저도 남북 간 사이에 서로 건널 수 없는 깊은 강이 흐르고 있으니, 남북 사이의 철의 장벽을 넘어서는 일은 한마디로 언감생심이다. 그럼에도 현실 세계에서 남북분단은 이념적 갈등과 군사적 불안을 끊임없이 뿜어내고 재생산하는 용광로와 같으니 그 폐해는 실로 말할 수 없이 크다. 특히 종북·친북좌파니 친미우파니 하는 논란도 따지고 보면 분단이 낳은 일란성 쌍둥이 다름 아니며, 둘 다 위험하다는 점에서는 하등 다를 바 없다. 필경 통일이 이루어질 때까지 남북의 양극화는 끊임없이 타자를 배제하고 파괴하는 정치적 억압의 기제로 작동하게 되고, 자주적·평화적 국가 안보가 아니라 반민주적, 반통일적 정권의 안보를 위한 도구가 될 것은 자명하다.

이와 관련해, 남북의 정치적 양극화를 고착화함으로써 가장 큰 이득을 보고 난폭한 이념의 무기로 정치적 억압과 탄압으로 정치권력을 누렸던 세력들이 오늘날 탈이념을 말하는 것은 참으로 아이러니 한데, 특히 이 정치세력의 뿌리로부터 호흡하는 박근혜가 그런 경우다. 그가 곧잘 내세우는 탈이념, 민생정치는 실제 효능과는 전혀 상관없는 거짓 광고에 불과하다. 박근혜가 말하는 탈이념의 본질은 현안 문제들에 대한 근본 태도, 곧 남북 문제에 관한 의식, 제주 해군 기지나 부산일보 사태에 대한 태도에서 볼 수 있듯이 이념 편향적 정치적 수사나 모르쇠 이념 또는 회피 이념 등과 같은 방식으로 왜곡시킨다는 데 있다. 무엇보다 경탄스러운 것은 민생을 파행으로 몰고 간 주역들 중의 한 사람인 그가 민생을 역설하는 그간의 행보이다. 그는 실상은 운전석의 조수가 아니라 또 한 사람의 운전자였지 않은가. 그리고 그가 민생정치에 기여했다는 뚜렷한 증거는 아직 없잖은가. 아무튼 오늘날 한국 사회에 요청되는 정치 지도자는 이념의 부정이 아니라 – 세상에 이념 없는 정치는 존재한 적도 없고 존재하지도 않는다 – 이념의 차이 속에서도 관용과 소통으로 풀어내고 통합하는 정치력을 지닌 사람이다.

몸은 교회에, 마음은 세상에?

한국 사회의 제반 영역을 지배하는 양극화 문제는 교회의 맥락에서도 결코 자유롭다고 말할 형편은 못 되는 듯하다. 신자 계층의 양극화는 적어도 20년 전부터 서서히 진행되어 왔다. 월평균 가구 수입의 변동 추이를 보면 200만 원 미만이 1987년에 92.4%, 1998년에 64.2%, 2006년에 23.6%이다. 반면에 200만~500만 원 미만은 1998년에 32.9%, 2006년에 56.1%였으며, 500만 원 이상은 1998년에 2.4%, 2006년에 17.1%를 차지한다. 그간의 경제적 수준과 소득의 변화를 감안한다 해도 이 통계수치는 한국천주교회의 신자 계층 구조에서 저소득층의 감소와 중간층 및 중상층의 증가 현상이 두드러지게 나타나고 있다는 점은 분명하다.[31]

이와 관련해 두드러진 현상은 상류계층 지역에 사는 천주교 신자 비율이 상대적으로 다른 지역에 비해 높다는 점이다. 특히 서초구(신자 비율: 21.1%), 강남구(신자 비율: 20.7%), 송파구(16.4%)와 같은, 이른바 강남 3구가 그런 경우이다. 또한 서초구(1995~2005년 사이 증가 비율: 7.2%)와 강남구(1995~2005년 사이 증가 비율: 6.8%)의 신

---

31) 박문수, "가톨릭 신자의 종교 의식과 신앙생활 실태로 본 미래 교회 전망 - '가톨릭신문 창간 80주년 기념 신자 의식 조사보고서'를 기초로", 통합사목연구소 6차 연구발표회 자료집, 2007, 25-56, 33 이하 참조. 박문수, 「안정기 신드롬에 빠진 한국천주교회와 그 진로」, 『한국그리스도사상』제18집, 한국그리스도사상연구소, 2010, 41-79, 50 이하도 참조.

자 증가 비율이 상대적으로 높다는 점도 주목할 만하다.[32] 물론 상류계층 지역의 높은 신자 비율과 증가율 상승은 그 자체로 문제될 것은 없다. 그러나 교회의 중산층화 그리고 더 나아가 중상층화 현상으로부터 파생될 수 있는 문제는 근본적으로 교회의 사목적 시선과 관련된 것이다. 무엇보다도 신자 계층의 양극화 현상에 직면해 교회가 중산층 내지는 중상층 중심의 사목적 편향을 보이지 않았는지 겸허하게 성찰할 필요가 있다. 그와 더불어 교회 내 가난한 자들의 자리가 위축되고 약화되는 현실은 매우 우려스러운 데, 실상은 오늘날 교회에서 더 이상 가난한 자들의 존재감이 생생하게 드러나지 않는다고 해도 과언이 아닐 것이다. 이런 현실은 그 자체로 교회가 직면한 가장 근본적인 재앙이다.

또한 교회의 중상층화 경향이 세상논리와 질서가 교회 내에서 그대로 반영되고 있는 것은 아닌지에 대해서도 살펴볼 필요성은 있다. "세례를 받았지만 복음의 정신과 가치에 깊은 뿌리를 내리지 못하고 세상의 질서에 속해 있는 신자 수의 증가가 교회가 추구하는 하느님 나라의 가치를 압도하지는 않았는지, 또 교회가 추구하는 가치가 오히려 세상의 질서나 그릇된 가치에 잠식당하거

---

32) 이미영·박영대·경동현, 「한국종교현실의 변화와 천주교의 사목과제」, 『우리신학』제9호, 우리신학연구소, 2010, 98-162, 136 이하 참조.

나 역전되지는 않았는지 매우 의심스럽기 때문이다."[33] 이를테면 새누리당(구 한나라당) 지지층이 많은 지역일수록 천주교 인구 비율이 높게 나타난다는 연구 결과를 눈여겨볼 필요가 있다. 물론 상류계층 지역 천주교인의 정당별 지지에 대한 연구 조사가 없기 때문에 이를 곧장 천주교가 새누리당을 지지하는 종교라고 단정할 수는 없을 것이다. 그러나 향후 지역별 천주교인의 정당 지지도에 대한 조사는 천주교인과 정치의식의 상관관계를 가늠하고, 그에 따라 교회의 세상 복음화 사명을 재구성하는 데 도움을 줄 수 있으리라 여긴다. 이는 상류계층 지역만이 아니라 특히 지역적 정치 성향의 양극화가 뚜렷한 영남과 호남 지역에서 의미 있는 교회적 대안을 찾기 위해서도 그렇다.

둘로 쪼개진 복음?

근래의 교회의 사회참여와 관련한 논란을 보면 교회 내 복음화 사명에 대한 인식에 있어 적신호가 커졌다는 생각이 든다. 특히 4대 강 사업과 한미 FTA, 정부의 원전정책과 제주 해군 기지 건설

---

33) 김정용, "복음과 세상없는 복음화 질주?", 한국그리스도사상 제18집, 한국그리스도사상연구소, 2010, 141-179, 146.

등과 같은 국가 정책 및 사업에 대한 교회의 입장 표명에 대해 일부 사제들과 신자들이 공공연한 불만을 표시하는 경우를 보면 그렇다. 필자가 보기에, 이 문제의 본질은 이미 한물간 종교와 정치의 관계에 대한 논쟁에 있지 않으며, 교회 내 바람직한 견해의 다양성과도 별 상관이 없는 것이다. 오히려 이 문제의 본질은 한편으로는 교회의 복음화 사명에 대한 총체적 이해의 결여에 있으며, 다른 한편으로는 종교와 정치에 대한 구태의연한 논쟁의 외피를 두르고 합리적 사고 절차마저 거세된 세상의 논리로 복음의 가치를 압도하려는 데 있다. 따라서 문제는 교회의 복음이다. 교회에서 누구나 복음을 말하지만, 과연 누구의, 어떤 복음을 말하는 것인지 도무지 알 수 없을 때가 많다.

4대 강 사업에 대한 주교회의의 공식적 입장 표명(2010년 3월 12일)과 결을 달리한 서울대교구 정진석 추기경의 발언 파문[34]은 교회 안팎으로 논란을 불러 일으켰고 신자들을 큰 혼란에 빠뜨렸다. 이에 대해 정의구현사제단과 전국의 원로 사제들이 강하게 반발을 한 것은 단순히 하극상이 아니라 정추기경으로 대변되는 교회의 복음에 대한 의식에 심각한 의문을 제기한 것으로 보는 게

---

34) "주교단이 4대 강 사업이 자연을 파괴하고 난개발의 위험을 보인다고 했지 반대한다는 소리는 안했다. 오히려 (주교회의 성명은) 위험을 극복하는 방법으로 개발하라는 적극적인 의미로도 볼 수 있다." (조현, "정진석 추기경 '4대강 종교인의 영역 아니다'", 한겨레 2010년 12월 8일, https://www.hani.co.kr/arti/culture/culture_general/452783)

타당할 것이다. 동시에 이 사건은 교회의 직무상 권위가 복음의 권위에 터하지 않는 한 오늘날 더 이상 그 누구로부터도 환영받지 못한다는 것을 극명하게 보여 주는 사례로 작용할 것이다.

서울의 한 본당 미사 참석자 중 20세 이상 성인 신자 1,500명을 대상으로 한 신앙 의식 조사 결과를 보면 4대 강 사업 반대와 같은 교회의 사회 참여에 동의를 표명한 비율은 통틀어 65.7%였으며, 반대하는 입장도 34.2%에 달했다.[35] 이런 경향은 사회 참여에 대한 교회의 전반적 인식을 재확인하는 것이며[36], 이에 대한 교회의 성찰은 교회의 복음화 사명을 한국 사회의 맥락에서 근본적으로 새롭게 가다듬어야 한다는 것을 의미한다. 교회의 사회 참여 문제는 단지 교회가 세상 속에서 수행해야 할 역할의 한 차원에 불과한 것이 아니라 세상의 구원을 위한 성사로서 자신을 실현하기 위한 교회의 본질적 차원이기 때문이다.

---

35) 이미영, "신자들은 교회의 사회 참여를 바라지 않는다? - 교회의 사회참여와 평신도의 인식", 가톨릭뉴스 지금여기(http://www.catholicnews.co.kr), 2010.12.29 참조.
36) '가톨릭신문 창간 80주년 기념 신자의식 조사보고서'(1차 1987년, 2차 1998년, 3차 2006년)에 따르면 교회의 사회참여에 대한 반대비율이 1987년에 11.5%, 1998년에 16.7%, 2006년에 29.9%로 점차 증가하는 추세다(찬성비율: 1987년 75%, 1998년에 82.8%, 2006년에 69.9%). 박문수, "가톨릭신자의 종교의식과 신앙생활 실태로 본 미래 교회 전망 - '가톨릭신문 창간 80주년 기념 신자의식 조사보고서'를 기초로", 통합사목연구소 6차 연구발표회 자료집, 2007, 25-56, 46 참조.

"때가 차서 하느님의 나라가 가까이 왔다
회개하고 복음을 믿어라"

교회의 복음화 정도는 더 이상 평면적 통계수치로 파악되거나 논의될 수 없다. 단순히 통계의 맥락에서 보면 19대 국회의원(300명) 중 74명이 가톨릭신자이다. 그런데 과연 이들의 정치철학과 가치 체계는 서로 유사성이 있으며, 또 어디에 근거하고 있을까.

천주교의 의료 기관이 2002년 36개소에서 2008년 기준 81개소로 2배 이상 증가했고, 게다가 고급화, 대형화했다. 교회가 운영하는 의료 기관에서 비정규직 문제, 해고 문제가 엄연히 존재하는 것을 세상에 어떻게 설명해야 할까. 물론 손쉬운 일은 아니지만 교회가 세상의 의료 기관보다 노동자 문제에서 우위를 점하지 못하고, 시장과 자본의 논리를 넘어설 수 있는 형편이 되지 못하면서도 계속 운영해야 할까.

교회의 사회적 영향력은 다양한 차원에서 더욱 확대되었다. 교회에 대한 한국 사회의 신뢰도도 아직까지 그리 나쁜 성적은 아니다. 그런데 우리 교회의 사회적 영향력은 과연 종교적 기득권의 유지가 아니라 인간 삶을 양극화시키는 사회적 불평등 구조를 방지하고 예방하며, 인간의 진정한 발전을 도모하는 복음적 차원에서 확대된 것일까.

교회 내 영성의 바람은 많은 신자들에게 이를 정도로 대중화되었고, 교회의 다양한 노력으로 프로그램은 분주하게 돌아간다. 바람직하게도 성경은 이제 온전히 신자들의 몫이 된 듯하다. 그런데 정말이지 하느님의 나라를 추구하는 복음 정신과 영성은 우리 교회 안에서 생생하게 살아나고 있는 것일까.

교회의 복음화 사명은 무엇보다도 회개로부터 비로소 발생한다. 이 회개는 두 가지 차원에서 요청된다. 우선 교회의 시선이 '우리 가운데', 곧 '세상 한가운데'로 향해야 한다. 우리는 사실 세상 속에서 세상을 향해 서 있지 않고 하늘만을 향해 서 있다. 우리의 영성이 그런 경우가 흔하다. 하늘을 바라보지만 정작 땅에 서 있지 못하기 때문이다. 그러나 사도행전이 증언하는 영성은 완전히 다르다. 사도행전에 나오는 예수의 승천기는 시야에서 사라지신 예수를 바라보는 제자들에게 흰옷을 입은 누군가가 "왜, 하늘을 쳐다보며 서 있느냐?"(사도 1,11)라고 말한다. 제자들은 예수가 승천하기 전, "땅끝에 이르기까지 나의 증인될 것"(사도 1,8)이라는 말씀을 미처 담아 두지 못했기 때문이다. 땅으로, 우리 가운데로 시선의 회개가 필요하다. 우리 가운데는 곧 하느님 나라의 복음이 자라고 꽃피는 자리이기 때문이다.

이런 맥락과 더불어 또 다른 회개의 차원은 "먼저 하느님의 나라와 그분의 의로움"(마태 6,33)을 찾는 시선의 변화이다. 이 말씀으로 복음의 영성은 마침내 하늘과 땅을 통합적으로 바라보는 영성이 된다. 우리 모두는 대개의 세상 사람들이 그러하듯 대체로 먹고 마시고 입는 것을 추구한다. 땅의 일만을 찾는 것이다. 그리고 하느님의 나라는 부수적인 것으로 여긴다. 그러나 복음에서 하느님의 나라와 땅은 결코 양극이 아니다. "하늘의 너희 아버지께서는 이 모든 것들이 너희에게 필요함을 아신다. 너희는 먼저 하느님의 나라와 그분의 의로움을 찾아라. 그러면 이 모든 것도 곁들여 받을 것이다."(마태 6,33)

땅의 일만을 추구하는 이가―하느님 없는―세상을 동물 세계보다 못한 곳으로 타락시킨다면, 하늘만을 향해 있는 이는 땅의 일만을 추구하는 이와 마찬가지로―땅끝까지 하느님의 나라의 증인이 되지 못함으로써―동물 세계보다 못한 곳으로 추락시킨다.

하느님의 나라는 너희 가운데 있다

그리스도인의 시선은 언제나 하늘과 땅을 향해 있어야 한다. 그것이 교회 실존이며, 하느님 일을 생각하지 않고 사람의 일만을 이루려는 사목의 양극화(마태 16,21-23 참조), 하느님의 나라 없는 땅의 행복과 평화만을 추구하거나 땅끝까지의 시선, 우리 가운데로의 시선을 잃어버린 영성의 양극화(요한 1,14; 요한 묵시 21,3 참조)를 넘어설 수 있는 길이다: '하느님의 나라는 너희 가운데 있다.'

예수 그리스도는 우리 가운데, 세상 한가운데 오시어 사셨고(요한 1,14 참조), 모든 것을 새롭게 하셨다(요한묵시 21,5 참조). 이 일은 무엇보다도 우선적으로 "가난한 이들에게 기쁜 소식을 전하고 / 잡혀간 이들에게 해방을 선포하며 / 눈먼 이들을 다시 보게 하고 / 억압받는 이들을 해방시켜 내보내며 / 주님의 은혜로운 해를 선포"(루카 4,18-19)하는 일로부터 시작되었다. 이들은 예수 당대의 종교 권력자들이나 경건한 영성가들로부터 세상에 없는 존재들로 여겨지거나 세상 밖으로 내쫓긴 존재들이었다. 예수 그리스도는 세상 밖으로 내쫓긴 사람들 한가운데로 오심으로서 세상 속에 하느님 나라를 들이셨고, 그리하여 양극화된 세상을 살렸고, 사람도 살리셨다.

그런 까닭에 교회는 자신의 본질적인 사명을 세상의 가난하고 고통받는 사람들 안에 육화된 모습에서 찾고자 했다. 예수 그리스도께서 그들 안에 사시기 때문인 것이다. "교회는 (…) 현세의 영광을 추구하도록 세워진 것이 아니라 자신의 모범으로도 비움과 버림을 널리 전하도록 세워진 것이다. (…) 교회도 고통받는 모든 사람을 사랑으로 감싸주고, 또한 가난하고 고통받는 사람들 가운데에서 자기 창립자의 가난하고 고통받는 모습을 알아보고, 그들의 궁핍을 덜어 주도록 노력하며, 그들 안에서 그리스도를 섬기고자 한다."(교회 헌장 8항) 최근 아시아주교회의연합회(FABC)가 제8차 사회주교연수회에서 '가난한 이들의 교회'로 쇄신하려는 의지를 피력한 것도 그와 같은 맥락에 놓여 있다. 가난하고 고통받는 이들은 예수 그리스도의 성사이기 때문이다.

교회가 세상의 구원을 위한 성사로 실현하기 위해서는 먼저 세상을 향해서도, 하늘을 향해서도 울부짖을 수 없는 우리 시대의 사람들 한가운데도 들어서야 한다. 15세에서 24세의 우리 청소년들이 성적과 진학, 취업 문제, 외로움과 고독, 경제적 어려움 때문에 소리 없이 울부짖고 스러져 가고 있는 현실을 아프게 바라보아야 한다.[37] 대학생들중에서도 매년 230여 명(2001년~2009년)이 생활고와 학업성적, 학자금 부담 등 갖가지 이유로 세상에서 흔적 없이 사라지고 있고, 남녀노소·사회계층을 막론하고 매일 42명 이상이 막다른 세상의 골목에서 힘없이 주저앉는 일이 일상적으로 일어나는 우리 사회로 교회의 시선이 향해야 한다. 이른바 성과사회의 그늘은 또 얼마나 우울하고 짙은가.

예수 그리스도는 사람들의 땅에 사시면서 하느님을 바라보고 그분의 나라를 선포하셨다. 교회의 복음화 사명은 이것을 깨닫는 것으로부터 시작되고, 교회의 모든 사목 실천과 영성이 그 전망에 터하고 있을 때 비로소 세상과 사람을 살리는 일을 할 수 있을 것이다. 교회가 추구해야 할 새로운 일은 다만 사람을 살리는 일이

---

37) 통계청, 「2011년 청소년 통계」 참조. 청소년 사망원인 1위가 자살임

기 때문이다.

"하느님 친히 그들의 하느님으로서 그들과 함께 계시고 / 그들의 눈에서 모든 눈물을 닦아주실 것이다. 다시는 죽음이 없고 / 다시는 슬픔도 울부짖음도 괴로움도 없을 것이다. (…) '보라, 내가 모든 것을 새롭게 만든다.'"(요한묵시 21,4-5)

『기쁨과 희망』 제9호, 2012년